全国中等职业学校国际商务专业系列教材
商务部十二五规划教材
中国国际贸易学会规划教材

国际贸易认知

主　编　陈树耀　陈启琛
副主编　李鼎峰　张洁璇　朱琦晓
参　编　谈秋娟　吴晓雨　罗晓菲
　　　　蔡蓓蕾　李　孟　刘晓彬

中国商务出版社
CHINA COMMERCE AND TRADE PRESS

图书在版编目（CIP）数据

国际贸易认知 / 陈树耀，陈启琛主编. —北京：中国商务出版社，2015.6（2024.7 重印）

全国中等职业学校国际商务专业系列教材　商务部十二五规划教材　中国国际贸易学会规划数材

ISBN 978-7-5103-1331-8

Ⅰ.①国…　Ⅱ.①陈…②陈…　Ⅲ.①国际贸易—中等专业学校—教材　Ⅳ.①F74

中国版本图书馆CIP数据核字（2015）第154955号

全国中等职业学校国际商务专业系列教材
商务部十二五规划教材
中国国际贸易学会规划教材

国际贸易认知
GUOJI MAOYI RENZHI

主　编　陈树耀　陈启琛

出　版：	中国商务出版社
发　行：	北京中商图出版物发行有限责任公司
社　址：	北京市东城区安定门外大街东后巷28号
邮　编：	100710
电　话：	010—64269744　64515137（编辑一室）
	010—64266119（发行部）
	010—64263201（零售、邮购）
网　店：	http：//cctpress.taobao.com
网　址：	http：//www.cctpress.com
邮　箱：	cctp@cctpress.com；bjys@cctpress.com
照　排：	北京开和文化传播中心
印　刷：	北京印匠彩色印刷有限公司
开　本：	787毫米×1092毫米　1/16
印　张：	11.25　字　数：224千字
版　次：	2015年7月第1版　2024年7月第4次印刷
书　号：	ISBN 978-7-5103-1331-8
定　价：	25.00元

版权专有　侵权必究　　　盗版侵权举报电话：010—64245984
如所购图书发现有印、装质量问题，请及时与本社出版部联系。电话：010—64248236

编委会

顾　问　王乃彦　刘宝荣　吕红军

总主编　姚大伟

主　任　刘从兵　钱建初

秘书长　刘长声　吴小京

委　员　（按汉语拼音排序）

毕优爱　蔡少芬　柴丽芳　陈启琛
陈树耀　崔海霞　胡　波　蒋　博
赖瑾瑜　李　勇　廖建璋　刘　颖
陆雁萍　孟根茂　石国华　史燕珍
宋玉娟　田文平　王继新　王圣伟
乌　杰　肖　嘉　肖　蕊　徐　涛
许蔚虹　杨鸣红　叶碧琼　于洪业
于晓丽　余世明　张慧省

总　序

　　为贯彻全国教育工作会议精神和教育规划纲要，建立健全教育质量保障体系，提高职业教育质量，以科学发展观为指导，全面贯彻党的教育方针，落实教育规划纲要的要求，满足经济社会对高素质劳动者和技能型人才的需要，全面提升职业教育专业设置和课程开发的专业化水平，教育部启动了中等职业学校专业教学标准制订工作。按照教育部的统一部署，在全国外经贸职业教育教学指导委员会的领导和组织下，我们制定了中职国际商务专业教学标准。

　　新教学标准的制定，体现了以下几方面的特点：

　　1. 坚持德育为先，能力为重，把社会主义核心价值体系融入教育教学全过程，着力培养学生的职业道德、职业技能和就业创业能力。

　　2. 坚持教育与产业、学校与企业、专业设置与职业岗位、课程教材内容与职业标准、教学过程与生产过程的深度对接。以职业资格标准为制定专业教学标准的重要依据，努力满足行业科技进步、劳动组织优化、经营管理方式转变和产业文化对技能型人才的新要求。

　　3. 坚持工学结合、校企合作、顶岗实习的人才培养模式，注重"做中学、做中教"，重视理论实践一体化教学，强调实训和实习等教学环节，突出职教特色。

　　4. 坚持整体规划、系统培养，促进学生的终身学习和全面发展。正确处理公共基础课程与专业技能课程的关系，合理确定学时比例，严格教学评价，注重中高职课程衔接。

　　5. 坚持先进性和可行性，遵循专业建设规律。注重吸收职业教育专业建设、课程教学改革优秀成果，借鉴国外先进经验，兼顾行业发展实际和职业教育现状。

　　为适应中职国际商务专业教学模式改革的需要，中国商务出版社于2014年春在北京组织召开了中职国际商务专业系列教材开发研讨会，来自北京、上海、广东、山东、浙江的30余位国际商务专业负责人和骨干教师参会。会议决定共同开发体现项目化、工学结合特征的15门课程教材，并启动该项目系列教材的编写。目前，教材开发工作进展顺利，并将于2015年春季陆续出版发行。

本系列教材的编写原则是：

1. 依据教育部公布的中职国际商务专业标准来组织编写教材，充分体现任务驱动、行为导向、项目课程的设计思想。

2. 设计的实践教学内容与外贸企业实际相结合，以锻炼学生的动手能力。

3. 教材将本专业职业活动分解成若干典型的工作项目，按完成工作项目的需要和岗位操作规程，结合外贸行业岗位工作任务安排教材内容。

4. 教材尽量体现外贸行业岗位的工作流程特点，加深学生对外贸岗位及工作要求的认识和理解。

5. 教材内容体现先进性、实用性和真实性，将本行业相关领域内最新的外贸政策、先进的进出口管理方式等及时纳入教材，使教材更贴近行业发展和实际需求。

6. 教材内容设计生动活泼并有较强的操作性。

在具体编写过程中，本系列教材得到了有关专家学者、院校领导，以及中国商务出版社的大力支持，在此一并表示感谢！由于编者水平有限，书中疏漏之处在所难免，敬请读者批评指正。

姚大伟　教授

2014年12月28日于上海

前 言

2014年是中国对外贸易发展过程中非常重要的一年。继2013年进出口贸易首次突破4万亿美元的关口后，2014年中国进出口总值再创新高，达4.30万亿美元，其中出口占全球份额达12.2%左右，继续巩固在世界贸易中第一货物贸易大国地位。同时，随着"一带一路"（即丝绸之路经济带和21世纪海上丝绸之路）伟大构想的实施，中国与世界其他国家之间的贸易联系将更加密切，对中国和世界贸易产生重要的影响，"一带一路"成为中国从贸易大国转向国际贸易强国的重要通道。为适应我国对外贸易的快速发展，培养更多的国际贸易后备人才，我们组织了部分从事国际贸易教学的一线教师编写这本书，供中职学校国际商务专业教学使用。

"国际贸易认知"是中等职业学校国际商务专业学生必修的基础课。本书共分为5章：第1章主要介绍国际贸易基本概念、常用统计指标、国际贸易与国内贸易的比较。第2章主要介绍国际贸易的产生和发展，着重介绍资本主义生产方式下国际贸易发展的特点；中国对外贸易的产生和发展则重点介绍改革开放以来，尤其是中国加入世界贸易组织后的快速发展历程。第3章是本书的重点，主要介绍国际贸易政策与措施，包括国际贸易政策的类型及演变、关税措施、非关税措施、促进出口和出口管制的措施等。第4章主要介绍国际贸易组织的类型及其在国际贸易中的作用，着重介绍世界贸易组织的基本原则、中国与世界贸易组织的关系。第5章主要介绍国际贸易发展新业态，从国际货物贸易、跨境电子商务、国际服务贸易、经济全球化及中国自贸区四个方面介绍国际贸易发展新业态。

本教材的编写主要着眼于中职学生应具备的国际贸易基础知识结构，通过定位各章节知识目标，针对性地开展实践性教学，促进专业基础理论与国际贸易发展实际的紧密结合，更好地把专业基本知识运用与基本技能训练融合到日常教学中来，激发学生专业学习热情，培养学生初步运用国际贸易基本理论分析国际贸易一般现象的能力，同时也为后续学科的学习打下基础。

  本教材选用新颖信息，附上相关图片，在编写体例上尽量贴近中等职业学校学生的教学实际，采用导读、小资料、小知识、想一想、议一议等比较活泼生动的形式。为适应互联网时代自主学习需要，还特设网络链接，为学生提供课余自习路径；每章进行小结并提供主要学习路径；每章附上课后综合训练，以客观题和小组活动形式提供有关背景资料和讨论题，帮助学生消化和巩固课堂所学知识。同时，为了方便教师的教学，本书配套参考答案，针对性强，可供学生练习，又可作为教师的命题参考。

  本书由陈树耀、陈启琛任主编，李鼎锋、张洁璇、朱琦晓任副主编。参与本书编写的人员分工如下：第1章（陈启琛、张洁璇、李孟）；第2章（陈启琛、李鼎锋、谈秋娟）；第3章（陈树耀、陈启琛、张洁璇）；第4章（陈启琛、吴晓雨）；第5章（罗晓菲、蔡蓓蕾、朱琦晓、李孟）。此外，张洁璇负责整理各章课后综合训练自测题及参考答案，刘晓彬负责各章节课件的制作。全书最后由陈启琛统稿，陈树耀审核。

  本书在编写过程中参考了本领域众多相关专家的研究成果，在此深表谢意！由于编者水平有限，不足之处在所难免，敬请读者批评指正。

编 者
2015 年 5 月

目 录

第1章 导 论 ... 1
1.1 国际贸易基本概念和分类 ... 2
1.2 国际贸易常用统计指标 ... 7
1.3 国际贸易与国内贸易的比较 ... 14
1.4 本章小结及学习路径 ... 18
1.5 课后综合训练 ... 21

第2章 国际贸易的产生和发展 ... 27
2.1 资本主义生产方式以前的国际贸易 ... 28
2.2 资本主义生产方式下的国际贸易 ... 31
2.3 中国对外贸易的产生和发展 ... 35
2.4 国际贸易的基本作用 ... 45
2.5 本章小结及学习路径 ... 49
2.6 课后综合训练 ... 51

第3章 国际贸易政策与措施 ... 57
3.1 对外贸易政策概述 ... 58
3.2 关税方面的措施 ... 64
3.3 非关税方面的措施 ... 73
3.4 促进和管理进出口的措施 ... 77
3.5 本章小结及学习路径 ... 87
3.6 课后综合训练 ... 89

第4章 国际贸易组织 ... 99
4.1 国际贸易组织的类型 ... 100
4.2 世界贸易组织 ... 108
4.3 中国与世界贸易组织 ... 115
4.4 本章小结与学习路径 ... 122
4.5 课后综合训练 ... 126

第5章 国际贸易发展新业态 ······ 133

- 5.1 国际货物贸易发展新业态 ······ 134
- 5.2 跨境电子商务的发展新业态 ······ 135
- 5.3 国际服务贸易发展新业态 ······ 141
- 5.4 经济全球化及中国自贸区发展新业态 ······ 147
- 5.5 本章小结与学习路径 ······ 161
- 5.6 课后综合训练 ······ 163

参考文献 ······ 170

第1章 导论

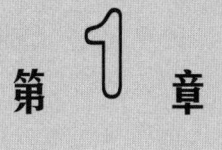

知识目标

1. 了解国际贸易的基本概念及分类。
2. 了解国际贸易发展的主要指标。
3. 了解国际贸易的特点。

重点难点

1. 国际贸易的基本概念。
2. 国际贸易发展主要指标的理解和应用。

本章导读

自 2001 年 12 月 11 日中国正式加入世界贸易组织以来，对外贸易得到迅猛发展。2014 年，中国外贸进出口总值突破 4 万亿美元大关，达到 4.3 万亿美元，成为世界第一货物贸易大国。

在今天的中国，从天上的空客、波音飞机到地上的奔驰汽车，从喝的可口可乐、雪碧到吃的肯德基、麦当劳，从穿的耐克、皮尔卡丹到用的苹果、三星，哪个消费领域里没有"洋货"？同样地，从旧金山唐人街的地摊到巴黎高级的时装店，从简单的玩具、服装业到高科技的电子航天业，哪里又没有中国货？"中国制造"以其物美价廉的优势，走进了全球亿万家庭。是什么神奇的力量使中国经济与世界经济融为一体？本章将给你一把钥匙，让你亲自开启国际贸易知识宝库的大门。

通过本章学习，你将了解和掌握以下知识：

(1) 国际贸易基本概念和分类；

(2) 国际贸易常用的统计指标；

(3) 国际贸易与国内贸易的异同。

1.1 国际贸易基本概念和分类

国际贸易内容十分广泛，性质也很复杂，要理解国际贸易内涵，需从国际贸易的基本概念和分类开始。

1.1.1 国际贸易的基本概念

生意兴隆通四海、财源茂盛达三江。古往今来，从商者无不希望实现"通四海、达三江"的愿景，然而在古代，由于当时生产力水平的限制，人们对三江和四海的理解往往局限于本国疆域，而在当今社会，现代化大生产形成的全球大流通格局赋予国际贸易新的含义，我国对外贸易目前已直达地中海、黑海、加勒比海，MADE IN CHINA 的产品已畅销至多瑙河畔、莱茵河畔、密西西比河畔，可以说，在世界的任何角落，都可以买到中国制造的产品。那么，什么是国际贸易呢？

1. 对外贸易

对外贸易（foreign trade）亦称"国外贸易"或"进出口贸易"，是指一个国家（地区）与另一些国家（地区）之间的商品和劳务的交换活动。它由进口和出口两个部分组成。作为一种以营利为目的的交换活动，对输入商品或劳务的国家（地区）来说，就是进口；对输出商品或劳务的国家（地区）来说，就是出口。此外，一些海岛国家也称对外贸易为海外贸易。

2. 国际贸易

国际贸易（international trade）亦称"世界贸易"，是指世界各国（地区）之间的货物和劳务的交换活动。它由各国（地区）的对外贸易构成，是世界各国对外贸易的总和。

1.1.2 国际贸易的分类

1. 按货物的移动方向分类

（1）出口贸易（export trade）

将本国生产加工的货物运往他国市场或本国关境以外销售，称为出口贸易或输出贸易。

（2）进口贸易（import trade）

将外国货物输入本国国内市场或本国关境以内销售，称为进口贸易或输入贸易。

（3）过境贸易（transit trade）

凡A国经过C国国境向B国运送货物，对C国来讲，就是过境贸易。

2. 按统计标准分类

（1）总贸易（general trade）

总贸易是"专门贸易"的对称，是指以国境为标准划分的进出口贸易。凡进入国境的商品一律列为总进口；凡离开国境的商品一律列为总出口。总进口额加总出口额就是一国的总贸易额。美国、中国、日本、英国、加拿大、澳大利亚等国采用这种划分标准。

（2）专门贸易（special trade）

专门贸易是"总贸易"的对称，是指以关境为标准划分的进出口贸易。只有从外国进入关境的商品以及从保税仓库提出进入关境的商品才列为专门进口。当外国商品进入国境后，暂时存放在保税仓库，未进入关境，不列为专门进口。从国内运出关境的本国产品以及进口后经加工又运出关境的商品，则列为专门出口。专门进口额加上专门出口额称为专门贸易额。德国、意大利等国采用这种划分标准。

3. 按贸易直接程度分类

（1）直接贸易（direct trade）

直接贸易是"间接贸易"的对称，是指货物直接从生产国销往消费国，不通过第三个国家而进行的贸易。例如，我国外贸企业与欧美客户直接进行的贸易。

（2）间接贸易（indirect trade）

间接贸易是"直接贸易"的对称，是指货物生产国与消费国通过第三国进行货物买卖的行为。其中，生产国是间接出口，消费国是间接进口。

（3）转口贸易（entreport trade）

转口贸易是指生产国与消费国之间通过第三国进行贸易，从第三国的角度来讲就是转口贸易。即使商品直接从生产国运到消费国去，只要两者之间并未直接发生交易关系，而是由第三国转口商分别同生产国与消费国发生的交易关系，仍然属于转口贸易的范畴。

例如，中国大陆把货物卖给新加坡，新加坡再把货物卖给法国，对于中国大陆和法国而言均是间接贸易，而对于新加坡而言则是转口贸易。

想一想

转口贸易与过境贸易有何异同？

4. 按货物运送方式分类

（1）陆路贸易（trade by roadway）

陆路贸易是指通过陆运方式进行的货物贸易。陆地相邻国家间的贸易，通常采取陆路运送货物的方式，运输工具主要有火车、集装车等。

（2）水路贸易（trade by seaway）

水路贸易是指通过水运方式进行的货物贸易。水路贸易又分为海运贸易和河运贸易。国际贸易中的大部分货物都是通过海运方式进行的，运输工具主要是各种船舶。

想一想

为什么国际贸易主要是海运贸易？

（3）空运贸易（trade by airway）

空运贸易是指通过空运方式进行的货物贸易。在国际贸易中，为了争取时效，对贵重或数量小的货物，往往采用空运的方式。

（4）邮购贸易（trade by main order）

邮购贸易是指通过邮购空运方式进行的货物贸易。国际贸易中数量不多的交易，通常采用寄送邮政包裹的方式进行。

5. 按商品形态分类

（1）货物贸易（goods trade）

货物贸易亦称有形贸易（visible trade），指商品的进出口贸易。由于商品是可以看得见的有形实物，所以商品的进出口被称为有形进出口，即有形贸易。

国际贸易中的有形商品种类繁多。为便于统计，联合国秘书处于1950年起草了"联合国国际贸易标准分类"，分别在1960年、1974年和1985年进行了修订。2006年3月，国际贸易标准分类第四次修订版获得联合国统计委员会第三十七届会议通过，并被国际商品贸易统计机构推荐用于大部分国家和国际组织分析国际商品贸易。该分类法将商品分为10大类、63章、223组、786个分组和1924个项目。

1983年6月，海关合作理事会（现名世界海关组织）在《海关合作理事会商品分类目录》（CCCN）和《国际贸易标准分类目录》（SITC）两种分类目录的基础上，综合国际上多种商品分类目录而制定了一部多用途的国际贸易商品分类目录，即《商品名称及编码协调制度》（简称《协调制度》，英文简称H.S）。《协调制度》广泛应用于海关税则、国际贸易统计、原产地规则、国际贸易谈判和贸易管制等多个领域，从1988年1月1日起正式生效。

《协调制度》将国际贸易商品分成21类、97章、1244个四位数税（品）目。其中1~4类为农副产品，5~21类为工业品，从类到章按动物、植物、矿物顺序依次排列。

随着国际贸易中新产品的不断出现和国际贸易结构的变化，世界海关组织（WCO）每4~6年对《协调制度》进行一次较大范围的修改。截至目前已进行过5次修订，形成了6个版本，当前采用的是2012年生效的版本。

我国从1992年1月1日起实施《协调制度》。根据《协调制度》的修改变化，我国也对本国《进出口税则》和《统计商品目录》进行了对应的转换调整。

读一读

我国海关采用的《协调制度》

我国海关采用的《协调制度》分类目录，前六位数是HS国际标准编码，第七、八位数是根据我国关税、统计和贸易管理的需要加列的本国子目，同时还根据代征税、暂定税率和贸易管制的需要对部分税号增设了第九、十位附加代码。随着进出口贸易的不断发展和商品种类的日益繁多，我国商品编码的数量也从1992年采用《协调制度》之初的6250个增加到了2012年的超过10000个。

（2）服务贸易（service trade）

服务贸易亦称无形贸易（invisible trade），指劳务或其他非实物商品的进出口而发生的收入与支出。主要包括：

第一，与商品进出口有关的一切从属费用的收支，如运输费、保险费、商品加工费、装卸费等；

第二，与商品进出口无关的其他收支，如国际旅游费用、外交人员费用、侨民汇款、使用专利特许权的费用、国外投资汇回的股息和红利、公司或个人在国外服务的收支等。以上各项中的收入，称为"服务出口"；以上各项中的支出，称为"服务进口"。

6. 按偿付工具分类

（1）现汇贸易（spot exchange trade）

现汇贸易又称自由结汇方式贸易，是指在国际买卖中以自由兑换货币（如美元、欧元、日元和港元等）作为偿付工具的贸易方式。国际贸易绝大多数情况下使用这种贸易方式。

（2）易货贸易（barter trade）

易货贸易又称换货贸易，是指一国（或地区）与另一国（或地区）间货物互换的贸易方式。此种方式适用于外汇紧缺的国家。我国与原苏联、东欧国家曾采用这种贸易方式。

7. 按贸易的电商媒介分类

（1）电子数据交换（EDI）

电子数据交换是20世纪80年代发展起来的一种计算机与现代化通信管理方式相结合的新型贸易工具，它能将贸易、运输、保险、海关、银行有关部门的电子计算机联网，对商务信息按国际统一标准进行格式化处理，在不使用纸质单证的情况下完成整个贸易各环节业务手续，又称"无纸化贸易"。

（2）网购贸易（internet shopping）

网购贸易是一种借助互联网平台开展的在线销售活动。这种形式的贸易一般以网络零售业为主，主要借助互联网开展在线销售活动。按照销售活动主体及表现形式的不同，网购贸易可分为B2B、B2C、C2C等方式。

（3）跨境电子商务（international e-business）

指分属不同关境的交易主体通过电子商务平台达成交易，进行支付结算，并通过跨境物流送达商品、完成交易的一种国际商业活动。它是电子商务应用过程中一种较为高级的形式，也是国际贸易的新方式和新手段，具有自己独特的开放性、全球性、低成本、高效率特点。随着电子信息技术和经济全球化的深入发展，跨境电子商务在国际贸易中的地位和重要作用日益显现。

> **小资料**
>
> **现代电子商务的主要表现形式——B2B、B2C、C2C**
>
> 1. B2B 即 business to business，是指企业与企业之间通过互联网进行产品、服务及信息交换的电子商务活动。
>
> 2. B2C 即 business to consumer，是指企业对消费者的网上交易方式，也就是通常说的商业零售，直接面向消费者销售产品和服务。
>
> 3. C2C 即 consumer to consumer，是指消费者个人与个人之间的电子商务，也就是说一个消费者通过网络把产品和服务出售给另一个消费者的贸易方式。

1.2 国际贸易常用统计指标

国际贸易中常用的统计指标，有助于了解和掌握国际贸易发展的不同侧面，学会用相关的数据指标对我国对外贸易和国际贸易发展的一般现象进行判断和简要分析。

1.2.1 反映贸易发展规模的指标

1. 贸易额

（1）贸易额的概念

贸易额是以金额表示的贸易总值，也可称为贸易值。

（2）贸易额的分类

第一类：对外贸易额（value of foreign trade）

对外贸易额是指一国在一定时期内以金额表示的对外贸易总值。它是反映一国对外贸易发展规模的重要指标之一。

一国的对外贸易包括了货物贸易和服务贸易两部分，因此一国的对外贸易额包括了进出口货物贸易额和进出口服务贸易额。

①进出口货物贸易额是一国货物进出口值的总和，它反映了一国货物贸易发展的规模和状况。

②进出口服务贸易额则反映了一国在某一时期服务贸易的发展规模和状况。

货物的进出口须经海关手续，其贸易额反映在海关的贸易统计表上。如我国的对外贸易额的统计资料来自海关贸易统计，因此我国对外公布的对外贸易额只包括了货物贸易的贸易额。

> **小资料**
>
> **2014年中国贸易地位继续提升**
>
> 　　2014年，在发达国家经济缓慢复苏、进口需求疲弱的情况下，我国对外贸易发展中有两方面数据引人注目：
>
> 　　一是货物贸易突破4万亿美元大关。2014年中国仍然稳居全球货物贸易第一大国的地位，在2013年占全球贸易总额11.7%的基础上提高了0.5个百分点，达到12.2%。
>
> 　　二是服务贸易规模再创历史新高。2014年中国服务贸易保持较快增长，进出口总额6043.4亿美元，同比增长12.6%。其中出口2222.1亿美元，同比增长7.6%；进口3821.3亿美元，同比增长15.8%；服务进出口占对外贸易比重为12.3%，比上年提高0.8个百分点。

　　同时，由于一国的对外贸易包括了出口和进口，因此统计一国的对外贸易额时应把一国的出口额和进口额相加。例如，2014年我国进出口总值4.3万亿美元，其中出口2.34万亿美元，进口1.96万亿美元。

　　第二类：国际贸易额（value of international trade）

　　国际贸易额是指一定时期内以金额表示的各国对外贸易总值。它是反映某一时期世界贸易发展规模的重要指标。

　　对国际贸易而言，一国的出口就是另一国的进口，因此在统计国际贸易额时为避免重复计算通常只把各国的出口额相加。

　　另外，国际贸易额同样是包括了货物贸易额和服务贸易额两部分。

2. 贸易量

　　无论是对外贸易额还是国际贸易额，都是以各个时期的现行价格计算的，因此把不同时期的贸易额进行比较，往往会受到价格变化因素的影响而不能真实地反映贸易的发展规模。为解决这一问题，人们提出了贸易量这个指标。贸易量是指用数量、重量、长度、面积、体积等计量单位所表示的进出口商品的多寡，主要用于货物贸易规模的统计，用此方法可避免不同时期商品价格变化对贸易实际规模的影响。

　　（1）对外贸易量（quantum of foreign trade）

　　对外贸易量是统计一国对外贸易的实际规模的指标。即用一定时期的不变价格为基准计算各个时期该国对外贸易值,用进、出口价格指数去除各时期该国的进、出口额,得出该国一定时期内的对外贸易的实际规模。

$$对外贸易量 = \frac{进出口贸易额}{进／出口价格指数}$$

(2) 国际贸易量(quantum of international trade)

国际贸易量是用各种计量单位表示的国际贸易规模。因为参加国际贸易的各种商品的计量单位不统一,因此只能以一定时期的不变价格为基准来计算各个时期的国际贸易值,即用出口价格指数去除各时期的出口值,得出按不变价格计算的国际贸易实际规模的近似值。国际贸易量可以消除因货币价值波动而不能反映国际贸易实际规模的不足。

$$国际贸易量 = \frac{各国出口贸易额}{出口价格指数}$$

贸易量通过价格指数剔除了不同时期价格变化因素的影响,比较真实地反映了不同时期贸易的发展状况。同时,还可以通过贸易量的计算得出各个时期定期和环比的物量指数。

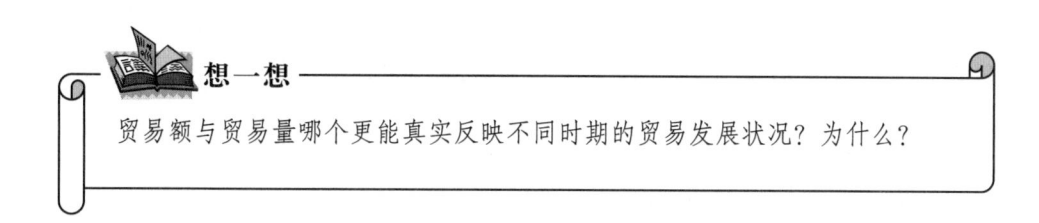

> **想一想**
> 贸易额与贸易量哪个更能真实反映不同时期的贸易发展状况?为什么?

1.2.2 反映一国进出口贸易状况的指标

1. 对外贸易差额的概念

对外贸易差额(balance of trade)是指一国在一定时期内出口总额和进口总额比较的差额。

2. 对外贸易差额的分类

(1) 贸易顺差(trade surplus)

当出口总额大于进口总额时,其差额称为贸易顺差,也可称为出超;贸易顺差通常以正数表示。

例如:2014年,我国进出口总值4.3万亿美元,其中,出口2.34万亿美元,进口1.96万亿美元,贸易顺差3800亿美元。

(2) 贸易逆差(trade deficit)

当进口总额大于出口总额时,称为贸易逆差,也可称为入超;贸易顺差通常以负数表示。

(3) 贸易平衡（trade balance）

当出口总额等于进口总额时，称为贸易平衡。

3. 对外贸易差额的意义

对外贸易差额用以表明一国对外贸易的收支情况。一国的对外贸易收支是其国际收支经常项目中最重要的组成部分，因此对外贸易差额的状况对一国的国际收支有重大的影响。

小资料

2014 年中国国家外汇储备

2014 年年底中国国家外汇储备 38430 亿美元，比上年年底增加 217 亿美元。全年人民币平均汇率为 1 美元兑 6.1428 元人民币，比上年升值 0.8%。

（选自《全球经济数据》）

1.2.3 反映一国某一产业在不同时期发展状况的重要指标

1. 净出口

净出口（net export）是指一国在一定时期内某种（或某类）商品的出口大于进口，其差额称为净出口额；

2. 净进口

净进口（net import）是指一国在一定时期内某种（或某类）商品的进口大于出口，其差额称为净进口额。

出口和进口比较的差额可以用数量表示，也可用金额表示。

净出口额和净进口额是反映一国某一产业在不同时期发展状况的重要指标。

小资料

中国 4 年来首次成为成品油净出口国

据中国海关数据显示，2014 年 3 月份，中国每日出口成品油 65 万桶，同比增长 3.4%；进口 56 万桶，同比减少近 25%，进口量为 2012 年 8 月以来的最低水平。这是自 2004 年以来中国第三次成为成品油净出口国，前两次是在 2009 年 12 月和 2010 年 1 月。

1.2.4 反映某一时期贸易构成的指标

1. 贸易结构的概念

贸易结构（composition of trade）是指某一时期贸易的构成情况。贸易结构有广义和狭义之分。广义的贸易结构主要是指一定时期内贸易中货物贸易和服务贸易的构成情况，一般称为贸易结构。狭义的贸易结构主要是指一定时期内货物贸易中各种商品的构成情况，一般称为货物贸易结构。

> **小资料**
>
> **2014 年我国进出口商品结构情况**
>
> 1. 机电产品、传统劳动密集型产品出口平稳增长。2014 年，我国机电产品出口 8.05 万亿元，增长 2.6%，占出口总值的比重为 56%。同期，纺织品、服装、箱包、鞋类、玩具、家具、塑料制品七大类劳动密集型产品出口 2.98 万亿元，增长 4%，占 20.7%。
>
> 2. 消费品进口加速，主要大宗商品进口量增价跌。2014 年，我国消费品进口 9362.7 亿元，增长 14.9%，明显快于同期我国进口的总体增速，占同期我国进口总值的 7.8%。同期，主要大宗商品进口量保持增长，其中进口铁矿石 9.3 亿吨，增长 13.8%；原油 3.1 亿吨，增长 9.5%；大豆 7139.9 万吨，增长 12.7%；钢材 1443.2 万吨，增长 2.5%；铜 482.5 万吨，增长 7.4%。此外，进口煤炭 2.9 亿吨，下降 10.9%；成品油 2999.7 万吨，下降 24.2%。
>
> 3. 进口大宗商品进口价格普遍下跌。2014 年铁矿石进口平均价格下跌 23.4%，原油下跌 6.1%，煤下跌 15.2%，成品油下跌 4.6%，大豆下跌 6.8%，铜下跌 6.1%。

2. 贸易结构的分类

贸易结构分为对外贸易商品结构和国际贸易商品结构。

（1）对外贸易商品结构（composition of foreign trade）

对外贸易商品结构是指一定时期内一国进出口贸易中各种商品的构成，即某大类或某种商品进出口贸易与整个进出口贸易额之比，以份额表示。

一个国家对外贸易商品结构，主要是由该国的经济发展水平、产业结构状况、自然资源状况和贸易政策决定的。例如，根据海关统计，2014年我国工业制成品占出口总额的95.2%，较2013年提高0.1个百分点，占比连续三年提高。装备制造业成为出口的重要增长点，铁路机车、通信设备出口增速均超过10%。七大类劳动密集型产品出口4851亿美元，增长5%。生物技术产品、航空航天技术产品、计算机集成制造技术产品等高新技术产品进口增速均在15%以上。消费品进口1524亿美元，增长15.3%，占进口总额的7.8%。

（2）国际贸易商品结构（composition of international trade）

国际贸易商品结构是指一定时期内各大类商品或某种商品在整个国际贸易中的构成，即各大类商品或某种商品贸易额与整个世界出口贸易额相比，以比重表示。

国际贸易商品结构可以反映出整个世界的经济发展水平、产业结构状况和科技发展水平，以及国际贸易商品结构的高级化与产业结构调整。

1.2.5 反映不同贸易主体间经济贸易联系的指标

1. 对外贸易地理方向

小资料

2014年我国主要贸易伙伴及贸易情况

单位：亿美元

排序	国家/地区	双边贸易额	年增长率
1	欧盟	6151.4	+9.9%
2	美国	5551.2	+6.6%
3	东南亚国家联盟	4803.9	+8.3%
4	香港特别行政区	3760.9	-6.2%
5	日本	3124.4	-4.1%
6	韩国	2904.9	+5.9%
7	中国台湾	1983.1	+6%
8	澳大利亚	1369.0	+3%
9	俄罗斯	952.8	+6.8%
10	巴西	865.8	-4%

对外贸易地理方向（foreign trade by regions）是指在一定时期内世界各国和地区及国家集团与一国的贸易额在该国的贸易总额中所占的比重，它反映了一国的市场分布状况及其与世界其他国家和地区及国家集团的经济贸易联系程度。

2. 国际贸易地理方向

国际贸易地理方向（international trade by regions）是指一定时期内一国或地区的贸易额在世界贸易总额中所占的比重，它反映了一国或地区在国际分工及国际贸易中所处的地位。例如：1997年，中国在世界货物出口中排第10位；2002年迅速攀升到第5位；2009年超越德国跃升到第一位；2012年中国货物出口2.049万亿美元，占全球货物出口的11.2%，居世界第一位；2014年我国进出口总值4.3万亿美元，同比增长3.4%，其中出口2.34万亿美元，第一货物贸易大国地位继续巩固。

小资料

2014年世界主要国家商品进出口贸易情况

单位：亿美元

排序	国家	出口额	进口额	进出口额	贸易差额
1	中国	23427.48	19602.90	43030.38	3824.58
2	美国	16234.40	23451.90	39686.30	-7217.50
3	德国	13714.29	11067.93	24782.22	2646.36
4	日本	6099.21	7165.57	13264.78	-1066.36
5	法国	5829.70	6793.80	12623.50	-964.10
6	巴西	2251.00	2290.60	4541.60	-39.60

（选自《全球经济数据》）

1.2.6 反映对外贸易与该国国民经济之间关系的重要指标

1. 对外贸易依存度的概念

对外贸易依存度（foreign trade dependence degree，FTD）是反映一国对外贸易与该国国民经济之间关系的重要指标，它一般表现为一国的对外贸易额与该国的国民生产总值（GNP）或国内生产总值（GDP）之比。这一比值越高，表明该国在世界经济活动中的融入程度越高，同时也表明其国民经济受世界经济环境变化的影响越大。

目前，世界各国经济的发展越来越依赖于世界经济的发展，世界各国的经济繁荣也越来越依赖于世界经济的繁荣。

> **小资料**
>
> **2014年我国原油对外依存度**
>
> 2014年我国进口原油3.1亿吨，同比增长9.5%。如果按照2014年全国石油产量2.1亿吨，可以推算，2014年我国原油对外依存度为59.6%。随着中国经济发展对能源需求的增加，中国原油对外依存度近年来不断走高。　　　　（海关总署）

2. 对外贸易依存度的分类

（1）出口贸易依存度

即一国出口总额与其国内生产总值（GDP）或国民生产总值（GNP）之比。

（2）进口贸易依存度

即一国进口总额与其国内生产总值（GDP）或国民生产总值（GNP）之比。

> **网络链接**
>
> 了解更多有关我国对外贸易依存度可链接
> 　　　　http://baike.so.com/doc/6140706.html

1.3　国际贸易与国内贸易的比较

国际贸易和国内贸易均为货物和服务的交换活动，从交换本身来讲，经营的目的、交易的程序大同小异，但因为贸易主体的不同，两者有很大的不同。

1.3.1　文化环境的差异

国际贸易与国内贸易的文化差异包括文化背景、语言文字、风俗习惯、法律体系等方面的差异，文化差异使国际贸易比国内贸易具有更大的难度，甚至可能由此带来交易的冲突。

> **小资料**
>
> **肯尼迪访问墨西哥遭遇文化差异带来的尴尬**
>
> 1962年,美国总统肯尼迪访问墨西哥。在一次演说中为了向墨西哥国民示好,肯尼迪总统说道:"我们彼此是朋友,是同盟国,也是伙伴。"但墨西哥人反应平平,演说并没有取得预期的效果。后来有学者研究发现,对美国人而言,"朋友"已经是颇为亲密的关系;但对墨西哥人而言,比喻同样亲密度关系,他们习惯于套用"兄弟姐妹"这类叫法。但这个故事告诉我们,即使你了解对方的语言和文字,但由于你未掌握这些词句的文化内涵,你可能会遭遇文化差异的尴尬,肯尼迪总统的教训就在于没有注意到文化方面的差异。

1. 语言文字不同

世界各国开展贸易往来、科学技术交流、东西方文化的交融需要一种通用的语言。就国际贸易来讲,从交易磋商到合同签订及履行都离不开共同的语言和文字。由于历史的原因,英语在国际贸易中发挥着世界通用语言的作用,但它也不是唯一的商业语言,在有些国家或地区使用还不普遍。因此从事国际贸易,除通晓英语外,还要多掌握几门外语。据英国文化协会一项研究结果表明,除了英语之外,未来的关键语言将是西班牙语、阿拉伯语和中国普通话。

2. 法律、风俗习惯不同

各贸易国家的商业法律、风俗习惯、宗教、信仰并不完全一致,有的差异很大,这些都给国际贸易的顺利进行带来了诸多的不便。

3. 贸易障碍多于国内贸易

各贸易国为了保护本国工业和市场,往往采取关税壁垒与非关税壁垒来限制外国商品的进口,然而,过度的保护往往给国际贸易造成诸多障碍,影响国际贸易的正常发展。

4. 市场调查和交易接洽困难多

俗话说:商场如战场,知己知彼方能百战不殆。由于国际贸易的当事人分别处于不同的国家或地区,贸易环境的差异很大。为了随时掌握市场动态,了解贸易对象的资信状况,必须掌握和分析大量的资料和信息,而这些资料和信息不如国内贸易来得容易。此外,由于情况复杂多变,一旦出现贸易纠纷,也不易顺利解决。

> **小资料**
>
> **欧元区的形成过程**
>
> 1999年1月1日,欧盟当时15个成员国中的11个成员国:德国、法国、意大利、荷兰、比利时、卢森堡、爱尔兰、西班牙、葡萄牙、奥地利和芬兰,达到了《欧洲联盟条约》在1992年确立的欧洲经济一体化并向欧元过渡的四项统一标准,因此,欧元成为这11国的单一货币。
>
> 1998年6月,欧洲中央银行于法兰克福正式成立。
>
> 1999年1月,欧元进入国际金融市场,并允许银行和证券交易所进行欧元交易。
>
> 2002年1月,欧元纸币和硬币正式流通。
>
> 2002年7月,本国货币退出流通,欧元成为欧元区唯一的合法货币。

1.3.2 贸易环境差异

国际贸易环境差异包括交易双方所在国家的政治、经济、双边关系及国际局势等因素的影响,同时还涉及运输、保险、银行、商检、海关等部门的协作和配合,因此,国际贸易环境更加复杂。

1. 贸易政策和贸易措施不同

世界贸易组织作为一个贸易自由化为宗旨的国际贸易多边体系,朝着逐步消除不利于国际贸易发展的政策与措施的目标迈进,但仍允许各国根据本国的情况保留一些过渡性的政策与措施,所以,在各国政策与措施趋向于一致的同时,各国国内政策与措施仍然存在很大的差异。

2. 各国的货币与度量衡差别很大

在国际贸易中,由于各国货币制度与度量衡制度不一致,增加了国际贸易复杂性。商品交换按什么币种计价,不同币种如何换算?支付工具和支付方式如何选择?国际贸易都比国内贸易复杂。

3. 商业习惯复杂

由于地理环境、风俗习惯的差异,各国各地商业习惯不同,带来了销售方式、运输方式、商品包装的禁忌与爱好的差异,从而使国际贸易比国内贸易复杂得多,稍有不慎,便会影响贸易的进行。

4. 海关制度与贸易法规不同

各国海关制度各不相同，海关对于货物进出口有许多不同的规定，进出口货物要严格履行海关规定的手续。由于进出口货物的种类、品质、数量、规格、包装各不相同，各国的贸易法规又经常调整和变化，经营国际贸易比国内贸易复杂。

5. 国际汇兑复杂

国际贸易账款的清偿多以外汇支付，而汇价依各国采取的汇率制度和外汇管理制度而定，由于汇率受各种因素影响经常波动，从而使国际汇兑相当复杂。

6. 贸易环节众多

由于进出口双方一般相距较远，国际贸易运输一要选择运输工具；二要考虑运输路线、支付运费、承运人与托运人的责任的划分，还要办理装运、提货等手续；为避免国际贸易货物运输中的损失，还要对运输货物加以保险。

1.3.3 国内外贸易差异带来的风险

与国内贸易相比，国际贸易无论在贸易的数量和金额、双方的距离、履约时间一般都要大，从而使交易风险更大。

1. 信用风险

在国际贸易中，从买卖双方接洽开始，经过报价、还价、确认、订约，直到履约，时间较长。在这个过程中，客户的资信对合同的履行有重要的影响。做好客户资信调查，是保障应收款项的安全及时回收的重要前提。买卖双方的资金与信用状况可能发生的变化，往往会危及履约，出现信用风险。

2. 商业风险

在国际贸易中，因货样不符、交货期晚、单证不符等，进口商往往拒收货物或拒付货款，或借不正当理由故意毁约，从而给出口商造成了商业风险。此外，商业诈骗也时有发生，稍有不慎，贸易当事人即可能遭受风险。

3. 汇兑风险

在国际贸易中，由于商品和劳务的价格一般是用外汇或国际货币来计价，国际外汇市场汇率波动而引起其价值涨跌可能产生两个不确定的结果：遭受损失和获得收益。在实行浮动汇率制的今天，汇率的频繁波动，使生产者和经营者在进行国际贸易活动时难以估算费用或盈利，因此带来汇兑风险。

> **小资料**
>
> **以人民币结算规避外汇风险**
>
> 2014年以来，因欧元对人民币汇率持续下跌，我国出口企业对以欧元结算的国外订单非常谨慎，以避免因汇率的波动而使出口遭受汇率损失。同时，许多企业正努力尝试使用人民币进行结算。目前，新加坡、马来西亚、泰国、俄罗斯等国越来越多的采购商也开始愿意用人民币进行计算。

4. 运输风险

国际贸易货物运输里程一般超过国内贸易，在运输过程中发生的风险也随之增多。

5. 价格风险

进出口双方签约后，国际市场行情变幻莫测，货价的上涨或下跌，都可能为买卖双方造成风险。由于国际贸易多是大宗交易，故价格风险更大。

6. 政治风险

一些国家因政权变更、民族纠纷、宗教冲突甚至战争不断而使贸易政策法令不断修改，常常使进出口贸易的各方无所适从，贸易无法正常进行。

> **网络链接**
>
> 了解更多有关各国商务风格可链接
> http://www.aliqq.com.cn/online/financial/cj_16/index.html

1.4 本章小结及学习路径

1.4.1 本章小结

通过对本章的学习，掌握国际贸易基本概念及其分类，了解国际贸易常用的统计指标，比较国际贸易与国内贸易的异同，对国际贸易有全面的基础的认识。

国际贸易的基本概念方面，需区分对外贸易与国际贸易的不同之处。国际贸易有多种分类方式：①按货物的移动方向分类；②按统计标准分类；③按贸易直接程度分类；④按货物运送方式分类；⑤按商品形态分类；⑥按偿付工具分类；⑦按贸易的电子媒介分类。

国际贸易常用统计指标有如下几种：①反映贸易发展规模的指标；②反映一国进出口贸易状况的指标；③反映一国某一产业在不同时期发展状况的重要指标；④反映某一时期贸易构成的指标；⑤反映不同贸易主体间经济贸易联系的指标；⑥反映对外贸易与该国国民经济之间关系的重要指标。

国际贸易与国内贸易的比较方面，要注意：①文化环境的差异；②贸易环境的差异；以及③国内外贸易差异带来的风险。

1.4.2 学习路径

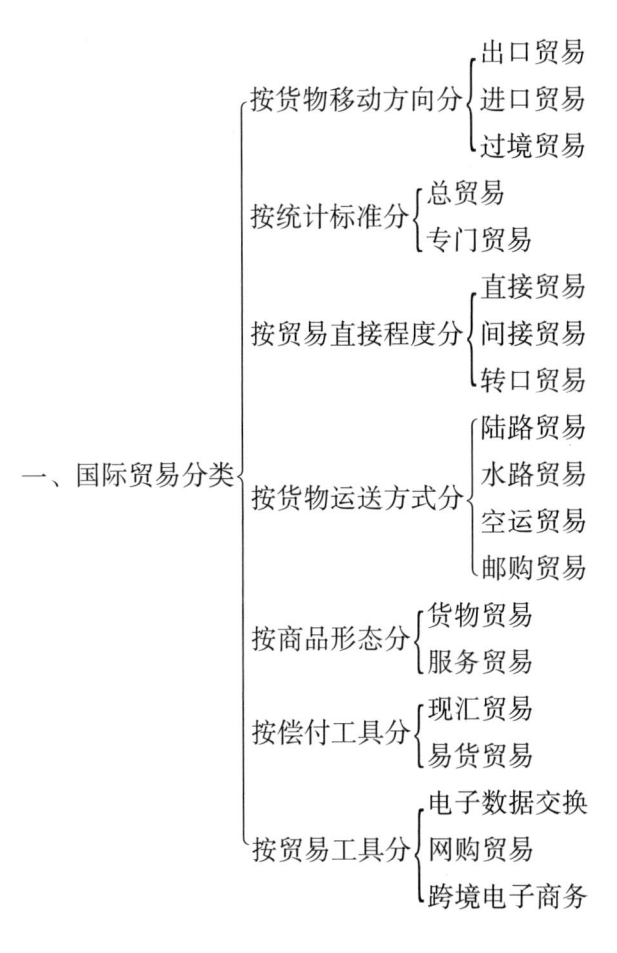

一、国际贸易分类

- 按货物移动方向分
  - 出口贸易
  - 进口贸易
  - 过境贸易
- 按统计标准分
  - 总贸易
  - 专门贸易
- 按贸易直接程度分
  - 直接贸易
  - 间接贸易
  - 转口贸易
- 按货物运送方式分
  - 陆路贸易
  - 水路贸易
  - 空运贸易
  - 邮购贸易
- 按商品形态分
  - 货物贸易
  - 服务贸易
- 按偿付工具分
  - 现汇贸易
  - 易货贸易
- 按贸易工具分
  - 电子数据交换
  - 网购贸易
  - 跨境电子商务

二、国际贸易统计指标
- 反映贸易发展规模
  - 贸易额（值）
    - 对外贸易额
    - 国际贸易额
  - 贸易量
    - 对外贸易量
    - 国际贸易量
- 反映一国进出口贸易状况
  - 贸易顺差
  - 贸易平衡
  - 贸易逆差
- 反映一国某一产业发展状况
  - 净出口
  - 净进口
- 反映贸易结构
  - 对外贸易商品结构
    - 出口商品结构
    - 进口商品结构
  - 国际贸易商品结构
- 反映贸易主体间经济贸易联系
  - 对外贸易地理方向
  - 国际贸易地理方向
- 反映对外贸易与该国国民经济之间关系
  - 出口贸易依存度
  - 进口贸易依存度

三、国际贸易与国内贸易的差异
- 文化环境差异
  - 语言文字
  - 法律、风俗习惯
  - 贸易障碍
  - 交易接洽
  - 市场调查
- 贸易环境差异
  - 贸易政策措施
  - 货币与度量衡制度
  - 商业习惯
  - 贸易法规
  - 国际汇兑
  - 贸易环节
- 贸易风险
  - 信用风险
  - 商业风险
  - 汇兑风险
  - 运输风险
  - 价格风险
  - 政治风险

1.5 课后综合训练

自测题

一、概念题

1. 国际贸易与对外贸易

2. 国际贸易额与对外贸易额

3. 对外贸易差额

4. 国际贸易地理方向与对外贸易地理方向

5. 国际贸易商品结构与对外贸易商品结构

6. 总贸易与专门贸易

7. 直接贸易、间接贸易和转口贸易

二、填空题

1. 某些岛屿国家如英国、日本等常用_____来表述其对外贸易活动。
2. 国际贸易与国内贸易相比，具有_____、_____和_____的特点。
3. 反映一国对外贸易规模真实变化的称为_____。

4. 按统计标准，国际贸易可划分为_____和_____。

5. 一国在一定时期内出口总额和进口总额比较差额的重要指标是_____，它包括_____、_____和_____三个方面。

6. 净出口是指一国在一定时期内_____的出口大于进口，其差额称为净出口额。

7. 一定时期内各大类商品或某种商品在整个国际贸易中的构成称为_____。

8. 对外贸易依存度是反映一国对外贸易与该国_____之间关系的重要指标。

9. 国际贸易的文化差异包括_____、_____、_____、_____和_____等方面的差异。

10. 国际贸易的汇兑风险是指国际外汇市场汇率波动而遭受_____或获得_____。

三、判断改错题（判断对错，错误的加以改正）

1. 国际贸易是指货物由一国向另一国的移动。（　　）

改正：_____

2. 国际贸易就是货物在国与国之间的交换。（　　）

改正：_____

3. 国际贸易额是世界各国进出口额的总和。（　　）

改正：_____

4. 贸易量通过价格指数剔除了不同时期价格变化因素的影响，较真实地反映了不同时期贸易的发展状况。（　　）

改正：_____

5. 国际贸易顺差越大越好。（　　）

改正：_____

6. 一国的对外贸易依存度越高，表明该国在世界经济活动中的融入程度越高，受世界经济环境变化的影响越小。（　　）

改正：_____

7. 文化差异使国内贸易比国际贸易具有更大的难度，甚至可能由此带来交易的冲突。（　　）

改正：_____

8. 在国际贸易中，信用风险主要是指进口商借不正当理由故意毁约，从而给出口商造成的风险。（　　）

改正：_____

9. 一些国家因政权变更、民族纠纷、宗教冲突甚至战争所带来的风险属于商业风

险。（   ）

改正：＿＿＿＿＿＿＿＿＿＿＿＿＿＿＿＿＿＿＿＿＿＿＿＿＿＿＿＿＿＿＿＿＿＿＿

10. 国际外汇市场汇率波动而引起其价值涨跌给贸易双方带来的是损失。（   ）

改正：＿＿＿＿＿＿＿＿＿＿＿＿＿＿＿＿＿＿＿＿＿＿＿＿＿＿＿＿＿＿＿＿＿＿＿

四、单选题

1. 商品生产国与消费国通过第三国进行的贸易称为＿＿＿＿＿＿＿。
   A. 直接贸易　　　B. 间接贸易　　　C. 转口贸易　　　D. 过境贸易
2. 国际贸易比国内贸易困难是因为两者＿＿＿＿＿＿＿。
   A. 交易内容有别　B. 交易过程曲折　C. 交易的目的不同　D. 交易环境相异
3. 世界各国以金额表示的在一定时期内出口贸易的总值叫做＿＿＿＿＿＿＿。
   A. 国际贸易额　　B. 国际贸易量　　C. 对外贸易额　　D. 对外贸易量
4. 一般而言，一国对外贸易商品结构比较有利的状态是＿＿＿＿＿＿＿。
   A. 全进口初级产品　　　　　　　　B. 全进口工业制成品
   C. 工业制成品比初级产品出口多　　D. 工业制成品比初级产品出口少
5. 某年世界出口贸易额为 6.8 万亿美元，进口贸易额为 6.5 万亿美元，当年国际贸易额为＿＿＿＿＿＿＿。
   A. 6.8 万亿美元　　B. 6.5 万亿美元　　C. 13.4 万亿美元　　D. 0.3 万亿美元
6. 凡从国内运出的外销商品，称为＿＿＿＿＿＿＿。
   A. 总出口　　　　B. 专门出口　　　C. 总进口　　　　D. 专门进口
7. 商品生产国与消费国通过第三国进行的贸易，对第三国来讲叫做＿＿＿＿＿＿＿。
   A. 直接贸易　　　B. 间接贸易　　　C. 转口贸易　　　D. 过境贸易
8. 贸易顺差是指＿＿＿＿＿＿＿。
   A. 进口贸易额大于出口贸易额　　　B. 出口贸易额大于进口贸易额
   C. 国际收入大于国际支出　　　　　D. 国际收入小于国际支出
9. 对外贸易地理方向是指＿＿＿＿＿＿＿。
   A. 一国所处的地理位置　　　　　　B. 一国与他国之间的距离
   C. 各国在一国对外贸易中的地位　　D. 各国在国际贸易中的地位
10. 对外贸易依存度是指＿＿＿＿＿＿＿。
    A. 对外贸易值
    B. 进出口贸易值
    C. 一国对外贸易在该国国民生产总值中的比重
    D. 一国出口贸易在该国国民生产总值中的比重

小组活动（一）

【背景资料】

据海关统计，2014年，我国进出口总值26.43万亿元人民币，比2013年增长2.3%。其中，出口14.39万亿元，增长4.9%；进口12.04万亿元，下降0.6%；贸易顺差2.35万亿元，扩大45.9%。按美元计价，2014年，我国进出口、出口和进口分别增长3.4%、6.1%和0.4%。

(1) 进出口增速稳中向好

2014年一季度，我国进出口值为5.9万亿元人民币，下降3.8%；二季度进出口6.5万亿元，增长1.7%；三季度进出口7万亿元，增长7.1%；四季度进出口7万亿元，增长4%。其中，出口方面，一季度下降6.1%，二、三季度分别增长3.4%、12.7%，四季度增长8.7%；进口方面，一季度下降1.3%，二季度基本持平，三季度增长0.8%，四季度下降1.6%。

(2) 一般贸易稳定增长，加工贸易增长平稳

2014年，我国一般贸易进出口14.21万亿元，增长4.2%，占同期我国进出口总值的53.8%。同期，加工贸易进出口8.65万亿元，增长2.8%，占32.7%。

(3) 对欧盟、美国双边贸易稳定增长，对日本、中国香港贸易下降，对新兴市场贸易表现良好

2014年，欧盟、美国、东盟、中国香港和日本为我国前五大贸易伙伴。其中，我国对欧盟、美国的双边贸易额分别为3.78万亿元、3.41万亿元，分别增长8.9%、5.4%；对中国香港、日本的双边贸易额分别为2.31万亿元、1.92万亿元，分别下降7.2%、1%。

同期，我国对东盟、非洲、俄罗斯、印度等新兴市场双边贸易额分别为2.95万亿元、1.36万亿元、5851.9亿元和4335.5亿元，分别增长7.1%、4.3%、5.6%、6.8%。

(4) 民营企业、外商投资企业进出口增长，国有企业进出口微降

2014年，民营企业进出口9.13万亿元，增长6.1%，占同期我国进出口总值的比重为34.5%。同期，外商投资企业进出口12.19万亿元，增长2.4%，占46.1%；国有企业进出口4.59万亿元，下降1.3%，占17.4%。

(5) 机电产品、传统劳动密集型产品出口平稳增长

2014年，我国机电产品出口8.05万亿元，增长2.6%，占出口总值的比重为56%。同期，纺织品、服装、箱包、鞋类、玩具、家具、塑料制品七大类劳动密集型产品出口2.98万亿元，增长4%，占20.7%。

(6) 消费品进口加速，主要大宗商品进口量增价跌

2014年，我国消费品进口9362.7亿元，增长14.9%，明显快于同期我国进口的总

体增速，占同期我国进口总值的 7.8%。同期，主要大宗商品进口量保持增长，其中进口铁矿石 9.3 亿吨，增长 13.8%；进口原油 3.1 亿吨，增长 9.5%；大豆 7139.9 万吨，增长 12.7%；钢材 1443.2 万吨，增长 2.5%；铜 482.5 万吨，增长 7.4%。此外，进口煤炭 2.9 亿吨，下降 10.9%；进口成品油 2999.7 万吨，下降 24.2%。

同期，我国进口大宗商品进口价格普遍下跌，其中铁矿石进口平均价格下跌 23.4%，原油下跌 6.1%，煤下跌 15.2%，成品油下跌 4.6%，大豆下跌 6.8%，铜下跌 6.1%。

【活动要求】

请根据上述背景，结合所学内容，以小组为单位，讨论我国 2014 年的对外贸易发展概况并做简要分析：

1. 2014 年度我国对外贸易规模有多大？

2. 2014 年度我国对外贸易状况有何特点？

3. 2014 年度我国对外贸易在全球货物贸易中的地位有何特点？

小组活动（二）

【背景资料】课本所提供的 2014 年中国进出口贸易背景资料并上网查阅相关资料。

【活动要求】

1. 填写下表并回答以下问题：

2014 年中国与主要贸易伙伴之间的贸易往来情况　　　　单位：亿美元

国家或地区	进出口	出口	进口	贸易差额
欧盟				
美国				
东盟				
香港				
日本				

2. 2014年中国主要对外贸易伙伴有哪些？

3. 2014年中国与欧盟、美国、日本的贸易额占当年进出口总额的百分之多少？试简要分析这种市场格局对我国对外贸易的持续稳定发展的影响？

小组活动（三）

【背景资料】

2005年5月8日，中国五家航空公司在京签署了42架美国波音787型飞机的购买协议，目录价格为50.4亿美元。中国商务部部长曾做了一个形象比喻："中国出口8亿件衬衫才能进口一架空客380。"按一架空客380的价格约在1.5亿美元以上折算，中国出口约260亿件衬衫才能进口42架波音787。

【活动要求】

请根据上述背景资料，以小组为单位，讨论以下问题：

1. 从我国衬衫与美国波音787型飞机的比较可看出两国出口商品结构的哪些特点？

2. 我国目前出口商品结构有哪些需要改进的地方？

第 2 章

国际贸易的产生和发展

知识目标

1. 了解国际贸易产生的历史事件。
2. 认识不同历史阶段国际贸易产生的原因。
3. 了解我国对外贸易发展的特点。
4. 了解对外贸易的作用。

重点难点

1. 资本主义不同时期国际贸易产生的条件和性质。
2. 第二次世界大战以后国际贸易的特点和趋势。
3. 我国改革开放以来对外贸易的发展情况。

本章导读

在人类社会发展的历史长河中，国际贸易的产生和发展都有着一定的规律和历史特征。学好国际贸易知识，首先应该了解国际贸易的发展历史并从中寻找国际贸易产生和发展的原因、条件和特征。无论是古代还是现代，也无论是东方还是西方，国际贸易对促进世界经济的发展发挥着极其重要的作用。

作为世界四大文明古国之一，中国对外贸易的历史源远流长。绵延万里的丝绸之路是中国与境外国家和民族展开广泛的政治、经济及文化交流，由此了解世界的最早孔道。中国对外贸易始于先秦，盛于唐宋，衰于晚清。新中国成立后尤其是改革开放以来，对外贸易开始快速发展。2014年亚太经合组织工商领导人峰会上，中国国家主席习近平所提出的加强"一带一路"建设，反映出我国对外贸易不断走向开放，推进了亚太自由贸易区发展并促进了世界贸易的发展。

通过本章学习，你将了解和掌握以下知识：

(1) 资本主义生产方式前的国际贸易；
(2) 中国对外贸易的产生和发展；
(3) 国际贸易在经济发展中的作用。

2.1 资本主义生产方式以前的国际贸易

国际贸易是人类社会生产力发展到一定阶段才产生和发展起来的，国际贸易的产生不是偶然的，必须具备两个基本条件。以资本主义生产方式的确立为分界线，国际贸易的发展可划分为两大阶段，即资本主义生产方式前的国际贸易和资本主义生产方式下的国际贸易。国际贸易伴随着人类社会分工的发展而不断深入，反过来它又促进了分工的进一步向前发展。

2.1.1 原始社会的贸易活动

1. 人类社会的三次大分工为对外贸易的产生创造了重要条件

在原始社会，由于当时的生产力水平极低，人们靠刀耕火种，处于自然分工状态，没有剩余产品用以交换。到了原始社会末期，人类社会产生了第一次大分工，即伴随着农业部落的定居，游牧部落分离出来，而出现了农业和畜牧业的分工，形成了氏族或部落之间的交换。

随着社会生产力的发展，手工业从农业中分离出来，形成人类社会的第二次大分工，出现了以直接交换为目的的手工商品生产。

随着商品生产和交换的扩大，出现了货币。由于商品交换的日益频繁和交换地域范围的不断扩大，伴随着商人的出现，人类社会出现第三次大分工。

人类社会的每一次社会大分工，都极大地促进了生产力的发展，使生产效率不断提高，产生了更多可供交换的剩余产品，这是形成对外贸易的前提。

2. 对外贸易产生的必要条件

对外贸易的产生必须具备两个条件：一是有剩余产品可以交换；二是商品交换要在各自为政的社会实体即国家之间进行。随着社会大分工的不断发展，商品生产和交换不断扩大，又加速了私有制的发展。在原始社会末期出现了阶级和国家，从而使商品交换超越国界成为对外贸易。

从根本上讲，社会生产力的发展和社会分工的扩大是对外贸易产生和发展的基础和前提，自然条件的不同使得对外贸易出现了多样化。

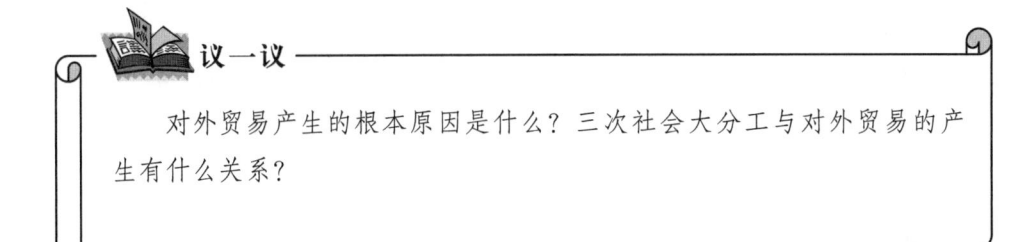

> **议一议**
>
> 对外贸易产生的根本原因是什么？三次社会大分工与对外贸易的产生有什么关系？

2.1.2 奴隶社会的对外贸易

早在三四千年前，埃及、印度、中国、希腊、罗马等国都先后进入了奴隶社会，这些文明古国的对外贸易也随之产生。

1. 奴隶社会对外贸易商品结构

在奴隶社会，对外贸易中的主要货物是奴隶和奴隶主阶级所追求的奢侈品，如宝石、香料、装饰品和各种织物等，希腊的雅典则是贩卖奴隶的中心之一。

2. 奴隶社会对外贸易地理方向

奴隶社会时期，从事国际贸易的国家主要有腓尼基、迦太基、雅典和罗马等，这些国家集中在地中海东部和黑海沿岸地区。中国在夏、商时期进入了奴隶社会，贸易主要集中在黄河流域。

3. 奴隶社会对外贸易方式

奴隶社会对外贸易的发展是与暴力掠夺、海上抢劫、贩卖奴隶联系在一起的。对外贸易在奴隶社会虽然不占重要地位，但是它促进了手工业的发展，奴隶贸易成为奴隶主补充奴隶的重要来源，推动了奴隶制生产关系的再生产。

4. 奴隶社会对外贸易的局限

由于在奴隶社会自然经济占主导地位，生产的主要目的是消费，进入流通的商品数量很少。同时，由于生产力水平低下，生产技术落后，交通隔绝，严重地阻碍了商品流通，对外贸易的规模和范围受到了很大的限制。

2.1.3 封建社会的对外贸易

封建社会时期的国际贸易比奴隶社会时期的国际贸易有了较大的发展。在封建社会早期，封建地租采用劳役和实物地租形式，进入流通领域的商品并不多。到了封建社会中期，随着商品生产的发展，封建地租转变为货币地租形式，商品经济得到进一步的发展。在封建社会晚期，随着城市手工业的发展，资本主义因素已孕育生长，商品经济和对外贸易有了较快的发展。封建社会的对外贸易具有以下特点：

1. 商品结构

奴隶贸易已经消失，主要商品除了奢侈品之外，还有日用手工业品和食品，如棉织品、地毯、瓷器、谷物和酒等。这些商品主要供国王、君主、教堂、封建地主和部分富裕的城市居民享用。

2. 对外贸易地理方向

随着商品经济的发展，亚洲国家之间的贸易开始发展起来了，并由近海逐渐扩大到远洋。在欧洲封建社会的早期阶段，国际贸易仍局限于地中海东部。公元5~8世纪，阿拉伯人控制了地中海的贸易，通过贩运非洲的象牙、中国的丝绸、远东的香料和宝石，成为欧、亚、非三大洲的贸易中间商。波斯人和阿拉伯人是最早来到中国的西方商人，他们对东西方的贸易发展做出了贡献。公元11世纪以后，随着意大利北部和波罗的海沿岸城市的先后兴起，对外贸易的范围扩大到地中海、北海、波罗的海和黑海沿岸。当时南欧的贸易中心是意大利的一些沿海城市，如威尼斯、热那亚等，北欧的贸易中心是汉撒同盟的一些城市，如汉堡、卢比克等。与此同时，在亚洲形成了以中国、日本为主的东亚贸易区，包括现今越南南部和柬埔寨的东南亚贸易区，以及以印度为主的南亚贸易区。

3. 封建社会对外贸易局限

由于封建社会中自然经济占统治地位，商品生产处于次要地位，因而商品流通很不发达，对外贸易在当时的社会经济中不占重要地位，贸易的范围和商品品种都有很大的局限性，贸易活动也不经常，国际贸易不具有世界性。

2.2 资本主义生产方式下的国际贸易

资本主义生产方式是一种以生产资料的资本主义私有制为基础的、建立在机器大工业技术基础上的生产方式，它的建立使商品生产和商品交换得到了快速的发展，各国之间的贸易急剧扩大，商业活动遍及全球。只有在资本主义生产方式下，对外贸易才真正具有世界性。

2.2.1 资本主义生产方式准备时期的国际贸易（16～18世纪）

1. 历史背景

（1）圈地运动造就了失去任何生产资料但有人身自由的劳动力

15世纪末，由于羊毛和毛织品的出口所带来的丰厚利润，英国新兴资产阶级以暴力手段强迫农民与土地相分离，大批农民被剥夺了生产资料和生活资料，流离失所，沦为乞丐和流浪者，或在血腥压迫下成为雇佣劳动者，这就是英国历史上的"羊吃人"现象，它为资本主义生产方式的确立造就了庞大的劳动力大军。

（2）地理大发现及海外贸易使欧洲新兴资产阶级获得了大量资本原始积累

从16世纪到18世纪，欧洲新兴商业资产阶级通过对外贸易和其他欺骗手段，从世界各地运回的黄金达200吨、白银达12000吨，其中大部分在欧洲转化为工业资本。

（3）一系列商业战争为欧洲国家提供了广阔的海外市场

小资料

人类历史上的地理大发现

它是西方史学家对15世纪末16世纪初欧洲航海者开辟新航路和发现新大陆的通称。主要有：1492年哥伦布发现新大陆；1498年达·伽马开辟绕过非洲好望角通往印度洋的航路；1519年至1522年麦哲伦第一次完成环球航行。

地理大发现以后，欧洲殖民主义者在16~18世纪先后发动了一系列商业战争，争占殖民地，使亚洲、非洲和拉丁美洲广大地区既成为资本主义国家商品销售的市场，又成为它们的原料产地。

由此可见，无论从劳动力、资本或是从市场来看，对外贸易对于资本主义生产方式的形成都起到了重要的促进作用。随着欧洲商业战争的发生和各国经济、政治实力的变化，国际贸易的中心由地中海沿岸的意大利诸城市和波罗的海及北海的汉撒诸城市逐渐转到大西洋沿岸城市，安特卫普、阿姆斯特丹、伦敦先后成为国际贸易的中心。

> **网络链接**
>
> 了解资本主义生产方式准备时期国际贸易发展历史可链接
> http://xiyou.cntv.cn/p-12688.html

2. 本时期国际贸易的特点

以1600年英属东印度公司的成立为标志，西班牙、葡萄牙、荷兰、英国等国的海外贸易都是以武力征服为先导，实行垄断贸易，采用海盗行为大肆掠夺，获取了巨额利润。在对外贸易商品结构方面，工业原料和食品的比重开始增加。各国社会分工和商品生产进一步发展，国内市场走向统一。同时，随着商品流通的扩大，银行、货币与信用业务得到了相应的发展，促进了西欧国家与殖民地落后国家的国际分工和交换，世界商品市场开始萌芽。但是当时这些发展海外贸易的国家仍处于工场手工业时期，社会生产力水平和规模仍受到很大限制。

2.2.2 资本主义自由竞争时期的国际贸易（18世纪60年代~19世纪70年代）

1. 历史背景

（1）工业革命使英国成为世界公认的"世界工厂"

18世纪60年代，英国首先开始了工业革命，机器生产首先应用于棉纺织业，接着又扩展到采煤、冶金、交通运输等行业。到了19世纪，英国成为公认的"世界工厂"。1820年英国的工业总产值占世界工业总产值的一半。继英国之后，法国、德国、美国等国家相继完成了产业革命，极大地促进了各国生产力的发展，资本主义的生产方式最终确立起来。

（2）机器大工业及交通、通讯技术的进步，促进了世界市场的发展

随着机器大工业代替了工场手工业，各工业国家劳动生产率迅速提高，产品大幅增加，为扩大商品交换的规模提供了物质基础。同时随着交通运输、通讯工具的进步，

国民经济内部分工超越国家界限形成国际分工，世界商品市场迅速发展。

2. 本时期国际贸易发展的特点

（1）国际贸易额有了空前的增长；

（2）国际贸易商品结构发生变化；

（3）国际贸易被主要资本主义国家所垄断；

（4）国际贸易经营方式和组织形式有了改进。

2.2.3 资本主义垄断时期的国际贸易（19世纪70年代～20世纪40年代）

1. 历史背景

19世纪70年代至20世纪初，资本主义发展到垄断阶段。由于帝国主义国家经济发展的不平衡，使垄断国家之间的力量对比发生了新的变化。它们为了争夺市场，重新划分势力范围，不断发生冲突，1914年终于爆发了第一次世界大战。在1929年至1933年的世界性经济危机中，各国为了保护本国市场，以邻为壑，关税战、贸易战、货币战逐步升级，世界分割成若干个势力范围，经济对抗逐渐发展成政治对抗和军事对抗，最终引发了第二次世界大战。

小资料

工业革命为国际贸易提供了物质条件

第二次工业革命对社会生产力的发展起到了巨大的推动作用。电和电动机的发明及应用大大改善了人类的生活水平，加快了电力工业、钢铁工业、汽车工业、化学工业、冶金制造工业等重工业的发展，并逐步取代轻工业而居主导地位。

从1870年到1900年的30年间，世界工业产量增长了3.2倍，1900年到1913年增长了60%。世界铁路的长度由1870年的21万公里，增加到1913年的110.4万公里。世界商船吨位由1870年的1680万吨，增加到1910年的3460万吨，而且同期商船的航运速度平均提高了1倍左右，运费降低了一半以上。此外，电报、电话等日益便利的通讯工具，使信息联系更加频繁，为各国经济贸易关系的扩大和国际贸易的发展提供了物质条件。

---

2. 本时期国际贸易发展的特点

从贸易规模上看，贸易量虽有增长，但增长速度较自由竞争时期相对下降；从商品结构来看，随着美洲和其他大陆贸易比重的上升，欧洲的贸易比重下降了。

2.2.4 第二次世界大战之后的国际贸易

1. 历史背景

第二次世界大战结束后，各国痛定思痛，认为战争并不是解决问题的办法，开始转向发展经济，世界进入了一个相对稳定的和平时期，尤其是20世纪80年代以来，在以电子计算机、原子能、空间技术、人工合成新材料和生物遗传工程等为代表的科学技术进步和世界生产力增长的推动下，资本输出入和跨国公司的发展，促使各国调整国民经济和产业结构，生产国际化、经济全球化的趋势不断加强，国际经济技术交流活动不断扩大，国际贸易的内容、形式、规模都得到了空前的发展，既为经济的发展提供了较好的环境，也为国际贸易的发展提供了可能。

2. 当今国际贸易的发展特点

（1）国际贸易的规模不断扩大

表现为各国的经济发展对对外贸易的依存度不断提高，各国国内市场与国际市场的融合度不断加深，生产要素在全球范围内的流动增多，国际经济贸易规则日益趋同，经济全球化加快发展。

（2）贸易结构发生巨大变化

经济全球化引发了各国间产业结构和经济结构的调整，一方面货物贸易中工业制成品贸易所占比重不断上升，农产品和初级产品贸易比重持续下降；另一方面国际贸易结构优化升级，服务、技术贸易蓬勃发展。在行业结构上，服务贸易日益向金融、保险、电信、信息、咨询等服务业倾斜，传统的运输业所占份额持续下降；在地区分布上，发展中国家服务贸易所占份额继续扩大。

（3）区域经济一体化和跨国公司给世界市场以巨大影响

一部分国家通过结成地区性经济集团，在区域范围内追求更加紧密的国际经济联系，如欧盟、北美自由贸易区等。这些集团内部实行程度较高的自由贸易，对外则实行一定程度的歧视或排斥。跨国公司则利用其雄厚的资本和科学技术上的优势，通过直接投资，绕过别国的关税和非关税壁垒进入别国市场。它们采用多种组织形式和策略，垄断着世界的销售市场和原料产地，从而垄断了世界市场上很大一部分贸易。

（4）贸易自由化和保护主义的斗争愈演愈烈

贸易自由化带动了各国经济发展和结构调整，是各国贸易政策的主流。但经济全球化，又使一些国家和产业在国际竞争中丧失了优势，希望依靠贸易保护来维护其原有利益，各种贸易壁垒频频出现。在传统保护手段仍被频繁应用的同时，技术壁垒、绿色壁垒、知识产权保护、劳工标准等新的贸易壁垒的应用更加广泛，加之WTO对这些贸易措施应用的限制并不统一，因而其保护效果更为突出，进一步加剧了世界范围内的贸易摩擦。

（5）各种类型国家的对外贸易依存度在不断提高

根据世界银行公布的数字，1990~2000年，世界货物出口量年均增长率为6.8%，同期世界GNP年均增长率仅为2.3%，对外贸易依存度在不断提高，对外贸易对各国经济的影响在不断提升。

（6）世界多边贸易体制发挥越来越重要的作用

世界多边贸易体制产生于20世纪40年代，其标志是关税与贸易总协定（General Agreement on Tariff and Trade，GATT）的签订。关贸总协定1948年1月1日正式生效，到1994年底，关贸总协定正式缔约方由原来的23个增加到128个，这些缔约方的总贸易额占世界贸易额的90%以上。

1995年1月1日，世界贸易组织（World Trade Organization，WTO）正式建立并运行，取代关贸总协定成为当今世界多边贸易体系的组织和法律基础。在世界贸易组织的作用下，世界贸易自由化向纵深发展，对世界货物贸易、服务贸易、与贸易有关的投资、知识产权和经济全球化产生着重大的影响。

2008年9月，国际金融危机全面爆发，美国陷入了困境，世界各国经济增速放缓，一些国家开始出现严重的经济衰退，只有中国和印度表现良好。金融危机后，随着经济的恢复，世界经济增长的重心开始由西方转到了东方，各国政府加强了协调，国际经济组织发挥了重要作用，对国际贸易尽快走出低谷产生了积极效果。

> **网络链接**
>
> 了解第二次世界大战后国际贸易发展概况可链接
> http://wenku.baidu.com/view/72b981533c1ec5da50e270bc.html

2.3　中国对外贸易的产生和发展

在几千年历史发展长河中，中国人民不仅创造了灿烂的文化，开拓了辽阔的疆域，而且社会经济也很发达，逐渐发展成为世界历史上重要的贸易大国之一。中国各个历史时期的对外贸易不仅促进了统一中国的形成，促进了古代中国与世界各国各地区的经济交流，而且对人类生产发展和文明进步也做出了重大贡献。新中国成立后，特别是改革开放以来，中国的对外贸易的发展更令世人瞩目。

2.3.1 古代的对外贸易

> **小资料**
>
> **"商人"名称的由来**
>
> 据史料记载，我国原始社会后期，即出现了以物易物的交换活动。4000多年前，黄河流域居住着一个古老的部落，他们最著名的首领叫契。契协助大禹治水有功而受封，封地为商（今河南商丘），他的部落便被称为商族。夏朝时期，社会上游离出一部分专门从事物品交换的人。其中商族部落首领契的六世孙王亥很会做生意，他经常率领奴隶，驾着牛车到黄河北岸去做买卖。商朝建立后，商族人开始从事农业生产，其手工业也相当发达。周朝取代商朝后，商族人由统治者变成了周人的奴隶，生活每况愈下。商族人为了过上好日子，纷纷重操旧业——做生意。久而久之，人们便有了这样的看法：商族人就是做买卖的人。后来人们简称商族人为"商人"，这一称呼一直沿用至今。

1. 陆上贸易通道——"丝绸之路"

我国是世界上最早植桑养蚕的国家。随着织丝生产的发展，丝织品的贸易逐渐扩大，春秋战国时丝织品就已远销到西方。当时西方诸国所用的丝都是从中国输入的，以致罗马人和古希腊人称中国为赛里斯，意思是"丝之国"。同时，巴比伦人则从爱琴海抵达中国南海进行交易。

西汉时期，汉武帝派张骞两次出使西域，与西域各国建立了外交关系和贸易关系，开辟了陆上贸易通道——"丝绸之路"。

> **小资料**
>
> **张骞出使西域的影响**
>
> 张骞两次出使西域并帮助西汉打通西域通道，虽然起初是出于军事目的，但西域开通以后，其影响远远超出了军事范围。从西汉的敦煌，出玉门关，进入新疆，

再从新疆连接中亚细亚的这条横贯东西的通道,再次畅通无阻。这条后世闻名的"丝绸之路"把西汉同中亚许多国家联系起来,促进了它们之间的政治、经济和军事、文化的交流。

(选自360百科)

2. 海上丝绸之路

唐代,中国古代经济和文化发展迎来了一个高峰,其对外贸易呈现空前繁荣的局面。不仅陆上贸易有所发展,海上贸易尤为兴旺。丝绸之路上形成了许多因贸易繁荣的都市,如凉州、敦煌、弓月、洛阳等,长安城更成了国际性的商业大都市。一些对外贸易的港口和城市日趋昌盛,广州港和潮州港成为当时中国最大的贸易港口。扬州港是当时中国的珠宝交易中心和贵重药品交易中心。中国形成了最早的对外贸易机构和海关机构——市舶司,专门管理出入境的船舶和货物,并征收关税。

小资料

海上丝绸之路

海上丝绸之路(陶瓷之路)是古代中国与外国交通贸易和文化往来的海上通道,它主要有东海起航线和南海起航线,形成于秦汉时期,发展于三国隋朝时期,繁荣于唐宋时期,转变于明清时期,是已知的最为古老的海上航线。

海上丝绸之路的主港,历代有所变迁。起点包括徐闻、合浦、临海、广州和泉州等。汉代"海上丝绸之路"始发港是广东省境内的徐闻古港;从公元3世纪起,广州取代徐闻、合浦成为海丝主港;宋末至元代时,泉州超越广州,与埃及的亚历山大港并称为"世界第一大港";明初实行海禁,加之战乱影响,泉州港逐渐衰落,漳州月港兴起。

(选自360百科)

宋代由于指南针在航海上的应用和造船技术的提高,海上贸易进一步发展,贸易港口、贸易商品、贸易国别大大增加。为了加强对海外贸易的管理,宋代将唐代早已设立的市舶机构进一步规范化、制度化,设置市舶机构的港口多达九处,这是宋代海外贸易繁荣兴盛的重要标志。宋代同东亚、东南亚、南亚、西南亚及非洲诸国进行贸易的同时,还增进了彼此的友谊。

> **小资料**
>
> **宋元时期的中国海外贸易**
>
> 宋元时代是中国海外贸易兴起的时期，唐宋以后，中国沿海商人创造了西太平洋和东印度洋的航运贸易体系。特别是宋代以后，中国的航海技术取得了以"罗盘导航、天文定位、航迹推算"为标志的世界航海史上的重大突破。最迟从徽宗宣和元年（1119年）开始，宋人已将磁针罗盘用于远洋航海，那时中国人对海洋的认知水平与利用、征服能力，比西方人要领先2~3个世纪。而宋代南中国沿海重要口岸都能制造精良的海船。正是凭借船坚针准，从北宋初期开始，中国帆船纵横于近中国海域。直至近代西方入侵之前，中国沿海商人已在西太平洋和东印度洋执航运贸易之牛耳长达500年。

明代商品经济日趋活跃，一些地区出现了资本主义的萌芽。郑和七下西洋不仅是世界航海史上的壮举，也书写了世界贸易史上的辉煌一页。郑和下西洋的航迹遍布东南亚、南洋诸岛、阿拉伯半岛，最远到达非洲东海岸和红海口，同36个国家保持和发展了贸易和外交关系。

> **小资料**
>
> **郑和七次下西洋**
>
> 1405年7月11日（明永乐三年）明成祖命郑和率领庞大的二百四十多艘海船、二万七千四百名船员组成的船队远航，访问了30多个位于西太平洋和印度洋的国家和地区，加深了中国同东南亚、东非国家的友好关系。郑和下西洋是中国古代规模最大、船只最多（240多艘）、海员最多、时间最久的海上航行，他的航行比哥伦布发现美洲大陆早87年。在世界航海史上，他开辟了贯通太平洋西部与印度洋等大洋的直达航线。

由于封建生产方式的限制，明代中国的对外贸易在与欧洲殖民者的竞争中处于十分不利的地位。随着欧洲人在西太平洋及北印度洋的贸易中逐渐占主导地位，中国在东方海域的贸易优势日益丧失。

鸦片战争前，清代的对外贸易在社会经济得到逐步恢复和稳定的基础上，有了一定的发展。

清代设置海关，取代历代市舶制度，负责管理对外贸易和征收关税，是中国海关制度的开端。但清王朝又实行海禁政策，使对外贸易走向严格的管制时期，对外贸易只能由行商掌握，且贸易港口由多个变为一个，实际上将中国逐渐置于闭关自守的境地，宣告了中国古代对外贸易辉煌时期的结束。

3. 中国封建社会对外贸易的基本特点

（1）朝贡性质的对外贸易

封建社会时期，我国的对外贸易主要以朝贡贸易的方式进行，其特点表现为：

第一，官府控制；

第二，通过朝贡与赏赐完成交易占重要地位；

第三，贸易目的不在于获取最大的经济效益，而是宣扬国威，加强与海外各国的联系，满足统治者对异域珍宝特产的需求。在封建社会，中国民间的对外贸易虽有所发展，但一直不是主流。

（2）官府垄断制度

即用法律、政策形式把销售量最大、利润最高的一些工商业完全垄断在官府手中，实行官营，禁止私营。

西汉政府首先实行盐铁专卖，后来又扩大到酒、茶、矾、香药、宝货等。实行这个政策的实质是把最容易赚钱的买卖掌握在封建政府手中，不允许私商经营，防止私商迅速发财致富。

（3）"闭关锁国"政策

所谓"闭关锁国"政策是指统治者严格限制和禁止对外交往和贸易的政策。

由于担心统治地位的不稳固，自明朝初期开始，统治阶级实行对外贸易的"海禁"；清朝延续了这一政策。清朝前期（1840年鸦片战争以前），统治阶级更是将"海禁"发展为"闭关锁国"。1757年清政府将通商口岸限制在广州"一口"，而在广州又采取一切进出口贸易均通过"十三行"开展的政策，对对外贸易实行垄断，规定外商不能与广大的中国自由商人进行接触。同时，对进出口商品的品种和数量也实行严格的限制。

"闭关锁国"阻碍了中国与外国的商品交易，放弃了对外贸易的主动权，阻碍了国内工商业的发展，进而阻碍了资本主义萌芽；该政策也使中国失去了向西方学习先进思想文化和科学技术的机会；该政策还使中国军事技术落后于西方，导致被西方列强用枪炮打开国门的可悲境地。

想一想

1. 中国封建社会对外贸易最辉煌的事例是什么？
2. 中国封建社会对外贸易有何特点？

> **网络链接**
>
> 了解更多有关中国古代对外贸易商路可链接
>
> http://www.pep.com.cn/czls

2.3.2 近代中国的对外贸易

1840年鸦片战争后，清政府与西方列强签订了一系列不平等条约，中国从此沦为半封建半殖民地社会，对外贸易也成为西方列强对中国进行侵略的重要工具。

英国政府通过1842年的《南京条约》，强迫中国割让香港；开放广州、福州、厦门、宁波、上海为通商口岸；实行协定关税并取得领事裁判权；在通商口岸设立租界和实行单方面最惠国待遇。1845年《中英通商章程善后条约》规定，英国在协定关税的基础上，"帮助"中国办理关税，由英国人任海关总税务司，从此中国海关由外国人直接控制。

1895年，中国在甲午战争中失败，日本迫使清政府签订了《马关条约》，强迫中国割让辽东半岛、台湾及其附属岛屿、澎湖列岛给日本，"赔偿"日本军费白银两万两，允许日商在华投资设厂，开放沙市、重庆、苏州、杭州为通商口岸，承认日本在中国享有领事裁判权和单方面的最惠国待遇。

1901年清政府与英、法、美等八个帝国主义国家签订了《辛丑条约》，为支付巨额赔款，规定除修改税则为担保外，将通商口岸50里内的常关划归海关兼管，常关税款也划作赔款"担保"。至此，中国海关完全丧失了主权，沦为西方列强经济侵略的机构。

小资料

汕头开埠背景资料

第二次鸦片战争（1858年）后，清政府与英、法、俄、美各国签订《天津条约》，定潮州为对外通商口岸。咸丰十一年（1861年）开埠时，潮州口岸设在了汕头，于是汕头代替潮州成为对外通商口岸之一，随后取代了樟林的地位，并逐步发展成为潮梅、赣南和闽西南的货物集散枢纽、粤东的门户、华南的第二大商港。

汕头开埠后，对外贸易和出国谋生者日多。清政府于同治十一年（1872年）7月设汕头洋务公所，负责处理外事外贸。

光绪十二年（1886年）经营南洋线的几家大商户倡办了南商公所，开始有会员二十多家。这是汕头进出口业最早的行业组织。

> **网络链接**
>
> 了解近代中外贸易发展史可链接
>   http://kyj.cass.cn/Article/548.html

2.3.3 现代中国的对外贸易

1949年10月新中国成立后，立即废除了帝国主义在华的一切特权，废除了所有强加于中国人民头上的不平等条约，收回了被西方列强及其代理人在外汇、金融、航运、保险、商检等方面的垄断，开始建立和实行中央人民政府对外贸易制度，通过没收官僚资本、改造私营进出口企业，全面重建新中国的对外贸易体制。

1. 改革开放前的对外贸易

新中国诞生后，中央人民政府立即宣布同世界各国开展平等互利的贸易往来，并且成立了专营对西方国家贸易的中国进出口公司。由于当时以美国为首的西方国家对我国采取敌视、孤立和封锁禁政策，我们大力发展与苏联和东欧等国家的贸易，从苏联和东欧进口了大量的工业器材和原料，也从个别资本主义国家进口了一些原材料，同时大力促进出口增长和改善出口商品结构。

1957年，我国开始举办广州出口商品交易会，首次派出数十个贸易出国小组，分赴西欧、东南亚、苏联和东欧国家推销出口商品。同年我国出口贸易总额达31.03亿美元。

1958年至1976年，由于中苏关系的变化、三年自然灾害和"文化大革命"的影响，我国对外贸易进入了激烈动荡的时期，对外贸易额从1959年的43.81亿美元下降到1962年的26.63亿美元，到1965年才恢复到42.45亿美元。1966年对外贸易额再度下降，但1975年对外贸易额达到147.5亿美元，创下了新中国成立以来的历史最高水平。

2. 改革开放至中国加入世界贸易组织前对外贸易的发展

1978年党的十一届三中全会以后，我国对外贸易出现了全新的发展。随着我国对外开放不断深入，一系列外贸体制改革措施和涉外经济法规纷纷出台。通过下放经营权、扩大贸易渠道、加强工贸结合和外汇管理等改革措施，大大地促进了对外贸易的发展。1990年对外贸易额达1154.36亿美元，2000年对外贸易额达4743亿美元，比1990年增长4倍多。2001年货物对外贸易额达5096亿美元。

> **网络链接**
>
> 了解更多有关改革开放以来中国对外贸易的飞速发展可链接
> http://www.tuoyun.net.cn/notice/165.htm

3. 加入世界贸易组织以来我国对外贸易的快速发展

进入21世纪以来,中国对外贸易持续快速发展,对外贸易商品结构发生了很大的变化,对外贸易经营主体多元化和市场多元化格局已经形成,同世界220多个国家和地区保持着贸易关系,在世界贸易中的地位不断上升。2001年12月,中国正式加入世界贸易组织,对外贸易进入了崭新的发展阶段。中国在世界贸易中的地位由1978年的第32位提高到2013年的第1位,奠定了贸易大国的地位。

2013年国家主席习近平提出的"一带一路"。可以说,"一带一路"战略的实施,将有助于中国形成全方位开放新格局并为对外贸易发展提供另一个发展良机。

> **小资料**
>
> **中国"一带一路"发展战略**
>
> "一带一路"是"丝绸之路经济带"和"21世纪海上丝绸之路"的简称。
>
> 2013年9月,中国国家主席习近平在访问哈萨克斯坦时提出构建"丝绸之路经济带"。2013年10月,习近平在访问东盟国家时,又提出中国愿同东盟国家加强海上合作,共同建设"21世纪海上丝绸之路"。二者并称为"一带一路"。
>
> 2013年11月12日,十八届三中全会通过的《中共中央关于全面深化改革若干重大问题的决定》(以下简称《决定》)提出,"建立开发性金融机构,加快同周边国家和区域基础设施互联互通建设,推进丝绸之路经济带、海上丝绸之路建设,形成全方位开放新格局。""一带一路"由此升级为国家战略。

(1) 全球货物贸易大国的兴起

2001年中国加入世贸组织之际,中国货物贸易额约为5100亿美元,占世界总贸易额的4.4%,是世界上第六大出口国。此后,中国出口和进口分别以年均18.3%和17.6%的速度增长,远高于同期世界8.9%和9.0%的年平均增长速度,也远远快于中国GDP的增长速度。2004年中国进出口总值突破1万亿美元,2007年和2011年分别突破 2 万亿美元和 3 万亿美元。2014 年我国对外贸易额达 43030.38 亿美元,继续保持世界第一货物贸易大国地位。

(2) 贸易顺差从激增转向稳中有升

在对外贸易迅速发展的同时,贸易顺差也出现了从扩大到逐步平衡的发展过程。2004 年外贸顺差出现激增,并带来了外汇储备及货币供应量的被动增长,在 2007 年前后达到顺差的历史高位。为此,中国主动积极地推进"贸易平衡战略",在全球有效需求不足的情况下,承担了向全球输出总需求的重要角色。2010 年贸易顺差 1831.0 亿美元,比 2009 年下降 6.4%,比 2008 年下降 38.6%。受国际金融危机影响,2009 年世界总需求下降了 0.6%,而中国实现内需增长 13%,为全球经济增长贡献了 1.6 个百分点,中国靠自身结构的转变正成为推动全球再平衡的重要力量。2013 年,中国进出口总值 4.16 万亿美元,贸易顺差 2597.5 亿美元。2014 年,我国进出口总值 4.3 万亿美元,其中,出口 2.34 万亿美元,进口 1.96 万亿美元,贸易顺差 3800 亿美元。

(3) 服务贸易稳步提升

加入 WTO 以来,我国服务贸易规模迅速扩大。2001 至 2010 年,中国服务贸易总额从 719 亿美元增加到 3624 亿美元。中国服务贸易出口及进口在世界的排位,从 2001 年的第十二位及第九位,快速提升至 2010 年的第四位和第三位。2014 年,中国服务贸易保持较快增长,服务进出口总额 6043.4 亿美元,同比增长 12.6%。

小资料

中国服务贸易进出口总额突破 6000 亿美元

2014 年,中国服务贸易保持较快增长,服务进出口总额 6043.4 亿美元,同比增长 12.6%。其中出口 2222.1 亿美元,同比增长 7.6%;进口 3821.3 亿美元,同比增长 15.8%;服务进出口占对外贸易的比重为 12.3%,比上年提高 0.8 个百分点。服务外包保持高速发展。2014 年,我国承接国际服务外包合同金额和执行金额分别为 718.3 亿美元和 559.2 亿美元,同比分别增长 15.1% 和 23.1%。截至 2014 年底,服务外包产业吸纳就业 607.2 万人,其中大学(含大专)以上学历 404.7 万人,占从业人员的 66.7%。

(4) 吸收外资稳居发展中国家首位

加入世贸组织以来,中国在利用外资规模和质量上得到了全面提升。2001 年至 2010 年,中国利用外商直接投资从 468 亿美元增加到 1057 亿美元,十年间外商直接投资累计达到 6531.4 亿美元，连续 19 年居发展中国家首位。即使在世界金融危机冲击最为严重的 2009 年，外商投资仍然超过 900 亿美元。越来越多的跨国公司将中国作为其全球投资战略的重要区域，来华投资的全球 500 强企业超过 480 家。2013 年，中国新批设立外商投资企业 22773 家，实际使用外资金额 1175.86 亿美元。2014 年全球外国直接投资流入量达 1.26 万亿美元，比 2013 年下跌 8%。2014 年，中国吸收外资规模达 1196 亿美元（不含银行、证券、保险领域），同比增长 1.7%，外资流入量首次成为全球第一。

（5）"走出去"迈出新步伐

在对外贸易和利用外资取得重要成果的同时，中国企业"走出去"迈出了新的步伐。越来越多的中国企业向跨国并购、境外上市等多种方式扩展，投资领域不断拓宽、合作水平不断提升，对外投资国别现在已经覆盖了 170 多个国家和地区。2001 年至 2010 年中国对外直接投资（非金融类直接投资流量）连续九年保持增长势头，年均增速达到 50% 左右，从不足 10 亿美元增加到 590 亿美元，十年累计对外直接投资存量超过 3000 亿美元。

2013 年 9 月和 10 月，中国国家主席习近平相继提出共同建设"丝绸之路经济带"和"21 世纪海上丝绸之路"。2013 年 11 月，"一带一路"正式上升为国家战略。2013 年，我国境内投资者共对全球 156 个国家和地区的 5090 家境外企业进行了直接投资，累计实现非金融类直接投资 901.7 亿美元，同比增长 16.8%。其中，地方企业对外直接投资占比达到 36.6%。

随着"一带一路"战略的实施，我国将进一步加大对外投资力度。2014 年中国对外直接投资额达 1029 亿美元，首次突破千亿美元，同比增长 14.1%，继续保持世界第三位。其中，中国对发达国家投资同比增长较快，对美国投资增长 23.9%，对欧盟投资增长 1.7 倍，远远高于总体增速。此外，同期中国服务业对外投资也明显上升，同比增长 27.1%，占对外投资比重接近 2/3。

中国对外投资正在为许多国家的经济复苏和发展起到促进作用。

网络链接

了解更多有关中国丝路基金建设发展可链接中国经济网
http://www.ce.cn/culture/

> **小资料**
>
> **中国将出资 400 亿美元成立丝路基金**
>
> 2014年11月8日,中国国家主席习近平在亚太经合组织"加强互联互通伙伴关系"东道主伙伴对话会上宣布:中国将出资400亿美元成立丝绸之路基金,为"一带一路"沿线国家基础设施建设、资源开发、产业合作等有关项目提供投融资支持。中国愿同各国一道努力,推动亚洲基础设施投资银行及早投入运作,成为各方在互联互通、金融等领域开展合作的新平台。丝绸之路基金的成立被广泛认为是推进亚太地区经济合作和市场一体化的重要一步。

2.4 国际贸易的基本作用

国际贸易作为国家之间的商品和劳务的交换活动,这种交换体现了国家的整体利益,体现了企业利润最大化目标追求,也体现了国民提升生活水平的愿望,并对世界经济的发展产生重要的影响,因此,开展对外贸易对一国经济乃至世界经济的发展都有十分重要的意义。

2.4.1 对外贸易对一国经济发展的重要作用

1. 促进国际分工,加速经济全球化进程

生产的社会化和国际化决定对外贸易的发展,而对外贸易,又推动国际分工的不断深化。对外贸易把各个国家、各个市场、各个部门、各个企业很自然地联系到一起,加强了它们的整体联系,促进了经济全球化的进程,加速了世界经济的发展。

2. 节约社会劳动,促进一国社会再生产的顺利进行

在社会再生产过程中,生产是起点,消费是重点,分配和交换是中间环节,也是连接生产和消费的重要媒介。对外贸易作为一种特殊的媒介,通过出口,把国内生产和国外消费有效连接起来,可起到节约社会劳动,增加生产总量,促进国家之间的生产和消费的联系。

3. 有效配置生产要素，不断优化一国对外贸易商品结构

生产要素是一国经济发展必不可少的前提条件，主要包括劳动、土地、资本和技术等。

由于生产要素和资源在各国分布不均衡，任何一个国家的经济发展必然要受到本国的自然资源、产业结构和资金技术等条件的约束，必须将自己置身于国际经济格局中来加快发展本国经济。通过对外贸易，能够使各国不同生产要素都能得到充分开发和有效利用，不断优化一国进出口商品结构。

例如，改革开放之初，我国出口商品主要以初级产品为主，随着改革开放的推进，对外贸易商品结构逐渐改善。到 2014 年，我国工业制成品占出口总额的 95.2%，较 2013 年提高 0.1 个百分点，占比连续三年提高。

4. 增加一国财政收入和外汇收入

通过对外贸易，可以扩大生产规模，提高规模效应，提高利润。同时，对外贸易越发达，一国财政收入就越多。此外，一国的外汇储备也主要来源于出口贸易收入。出口贸易规模越大，外汇越多，国际收支的情况就越好，外汇储备就越多，发展对外贸易有利于国家积累更多的资金。

小资料

2014 年我国外汇储备情况

2014 年末中国国家外汇储备 38430 亿美元，比上年末增加 217 亿美元。

5. 接受国际经济的"传递"，带动国内经济的发展

所谓"传递"，是指一个国家经济对他国经济的联系和影响。这种联系和影响往往是通过对外贸易这一渠道传递的。

在国际贸易中，一个国家经济的盛衰通过对外贸易可以直接或间接影响另一个国家，例如通过产品价格的变动对产量、就业和整个经济活动的连锁带动作用。当世界经济呈现普遍繁荣时，世界市场的商品价格看涨必然会对一国的出口产业部门产生刺激和带动作用，使这些部门扩大投资，增加就业，提高产量。

6. 参与国际经济活动，维护和改善国际贸易环境

在当今国际经济舞台上，各国都重视通过对外贸易，展开经济外交，对其他国家以至整个国际经济贸易体制施加必要的影响，维护本国的利益。同时，对外贸易也经常被当成一种重要的筹码，在维护和改善自身的国际贸易地位中发挥重要的作用。

2.4.2 对外贸易对一国企业发展的作用

1. 提高劳动生产率，提升出口产品的附加值

在激烈的国际市场竞争中，企业要获得高额利润，实现利润最大化，可以通过对外贸易从国外进口廉价的原材料、先进技术、关键设备和重要零部件等，提高本国劳动生产率。通过出口，可以扩大本国工业制成品的销路，提升出口产品的附加值，加快本国经济建设的步伐。

2. 参与国际市场竞争，提高企业素质

参与国际市场竞争，出口企业为了保住并不断扩大在国外的市场份额，必须坚持不懈地努力生产出成本低、质量好的商品，并不断按国际市场需求结构的变化调整自己的产品结构，按国际标准生产，按国际营销惯例办事，提高企业素质。

3. 拓展国际市场，获得规模经济效益

面对世界市场来组织生产，为了获得规模经济效应，企业必须采用大规模生产的方式降低成本。随着产品数量的增加，单位产品的成本会降低，从而提高经济效益。如汽车、电冰箱、电子计算机等，采用大规模生产的方式可以使成本降低很多，通过对外贸易拓展国际市场，获得规模经济效益。

2.4.3 对外贸易对一国国民的作用

1. 增加就业机会，提高居民收入和生活水平

对外贸易的发展，能为产品和服务寻找到新的市场与销路，促进国内生产的扩大与发展，也能为各行各业带来大量的就业机会。特别是对具有劳动力优势的发展中国家或地区来说，通过发展纺织、手工艺品等劳动密集型产品的出口，能为劳动就业提供

小资料

全球贸易新"擂主"所创造的就业机会

2001年12月11日，中国正式加入WTO，成为其第143个成员。

2013年，中国已经是120多个国家和地区最大的贸易伙伴，每年进口近2万亿美元商品，为全球贸易伙伴创造了大量就业岗位和投资机会。作为全球第二大进口国，中国正扮演起全球产品购买者和世界需求支撑者角色。未来五年，中国进口需求将达10万亿美元。中国经济的发展为世界经济繁荣做出积极的贡献。

越来越多的机会。例如，2014年我国纺织品服装出口2984.26亿美元，纺织业成为国民经济传统支柱产业和民生产业，在扩大出口、吸纳就业方面发挥重要作用。我国对外贸易直接和间接带动了国内1.8亿人就业，居民收入和生活水平得到显著改善。

2. 有利于满足人民日益增长的物质文化生活需要

社会生产的目的是为了满足人民群众日益增长的物质和文化生活需要。通过进口大宗商品、高新产品和本国所缺乏的物质文化产品，可以调剂国内市场需求，提高消费水平，调整消费结构，又可以刺激国内新工业的建立和发展，有利于调整和更新产业结构，激发经济活力，促进经济发展，从而在更大程度上满足人民日益增长的社会需求。

小资料

国际贸易的神奇作用

国际贸易并不神秘，它就发生在每个人的身边。譬如，你喝的饮料可能是美国的可口可乐，你用的肥皂可能是英国的力士，你皮包里的袖珍计算机可能是日本的卡西欧。坐上轿车时，你恐怕不知道，它的底盘来自美国，发动机由日本制造，控制仪器是德国产品，而它的安装却在中国进行。这就是通过国际贸易这根纽带连接起来的世界车。

---

3. 提升国民素质，实现自身价值

在经济全球化的今天，通过对外贸易，一国国民可以到国外进修学习，旅游观光，可以学习他国优秀的文化知识和技术，拓展视野，加深交流，提升自身素质。

小资料

我国每年进口的电影大片情况

我国加入世贸组织以来，每年引进国外电影大片从1995年的10部增至20部，并允许外资进入电影放映业，这些无疑会对提高我国人民文化生活水平和我国电影业发展产生深远的影响。

总之，对外贸易对一国经济发展的促进作用是多方面的。在现代社会中，对外贸

易是任何一个开放国家不可缺少的组成部分。

> **网络链接**
>
> 了解更多有关对外贸易在国际经济关系中的作用可链接
> http://www.yoosure.com/edu/

2.5 本章小结及学习路径

2.5.1 本章小结

国际贸易的产生和发展都有着一定的规律和历史特征。本章以资本主义生产方式前后的国际贸易、中国对外贸易的产生和发展为时间脉络,介绍了不同历史阶段国际贸易产生的背景、条件和特征及作用。

(1) 资本主义生产方式前的国际贸易,包括对外贸易的产生和必要条件、奴隶社会的对外贸易、封建社会的对外贸易;

(2) 资本主义生产方式下的国际贸易,包括资本主义生产方式准备时期的国际贸易、资本主义自由竞争时期的国际贸易、资本主义垄断时期的国际贸易和第二次世界大战后的国际贸易;

(3) 我国对外贸易的产生和发展,包括古代、近代、现代对外贸易和加入世界贸易组织以来对外贸易的发展。叙述了国际贸易产生的历史条件揭示了不同历史阶段国际贸易的性质和特点;

(4) 从对外贸易对一国经济、一国企业、一国国民乃至世界经济发展的关系阐述国际贸易的重要作用。

2.5.2 学习路径

一、对外贸易产生的必要条件
- 有剩余产品
  - 第一次大分工——氏族或部落之间的交换
  - 第二次大分工——手工业从农业中分离
- 可以交换
  - 第三次大分工——商人阶级出现
- 各自为政的社会实体即国家——商品交换超越国界

二、国际贸易的发展
- 奴隶社会
  - 奴隶、奴隶主阶级所追求的奢侈品
  - 地中海东部、黑海沿岸地区、黄河流域
  - 暴力掠夺、海上抢劫、贩卖奴隶
- 封建社会
  - 奢侈品之外，还有日用手工业品和食品
  - 地中海、北海、波罗的海和黑海沿岸、东亚
  - 国际贸易不具有世界性
- 资本主义社会
  - 国际贸易量快速增长
  - 商品结构不断优化
  - 国际贸易真正具有世界性

三、中国古代对外贸易的发展
- 中国古代对外贸易通道"丝绸之路"
  - ——开始于西汉时期的陆上丝绸之路（张骞出使西域）
  - ——繁荣于唐宋的海上丝绸之路（陶瓷之路）
- 市舶司——中国最早的对外贸易机构和海关机构
- 郑和七下西洋
- 海禁政策——中国逐渐置于闭关自守的境地
- 官府垄断制度

四、中国现代对外贸易
- 改革开放前——大力发展与苏联和东欧等国家的贸易
  - 举办广州出口商品交易会
- 改革开放至中国加入世界贸易组织——对外贸易全新发展时期
- 加入世界贸易组织以来——对外贸易持续快速发展
  - ——奠定了贸易大国的地位

五、国际贸易的作用
- 对一国经济发展——积极参与国际分工（对外）、促进社会再生产（对内）
  - ——增加一国财政收入和外汇收入
  - ——接受国际经济的"传递"，带动国内经济的发展
- 对一国企业发展——提高企业素质，增强企业的国际竞争力
- 对一国国民——增加就业机会、满足物质文化生活需要、提升国民素质

2.6　课后综合训练

自测题

一、概念题

1. 地理大发现

2. 英国"圈地运动"

3. 丝绸之路

4. 一带一路

二、填空题

1. 对外贸易的产生必须具备两个条件：一是_____；二是_____。

2. 早在三四千年前，对外贸易产生于_____、_____和_____等文明古国。

3. 奴隶社会对外贸易的商品结构主要是_____和奴隶主阶级所追求的奢侈品。

4. _____和_____是最早来到中国的西方商人，他们对东西方的贸易发展做出了贡献。

5. 1492年_____发现新大陆；1498年_____开辟绕过非洲好望角通往印度洋的航路；1519年至1522年_____第一次完成环球航行。

6. _____及_____使欧洲商业新兴资产阶级获得了大量资本原始积累。

7. 世界多边贸易体制产生于20世纪40年代，其标志是_____的签订。

8. 西汉时期，汉武帝派_____两次出使西域，与西域各国建立了外交关系和贸易关系，开辟了陆上贸易通道"_____"。

9. 海上丝绸之路又称_____，是古代中国与外国交通贸易和文化交往的海上通道。

10. 明代_____七下西洋不仅是世界航海史上的壮举，也书写了世界贸易史上的辉煌一页。

11. "_____"战略的实施，将有助于中国形成全方位开放新格局并为对外贸易发展提供另一个发展良机。

三、判断改错题（判断对错，错误的请在横线处加以改正）

1. 国际贸易产生于奴隶社会末期。（　　）
改正：_____

2. 对外贸易的发展是社会生产力产生和社会分工扩大的基础和前提。（　　）
改正：_____

3. 对外贸易在奴隶社会占有重要地位。（　　）
改正：_____

4. 目前，对外贸易成为维护国际贸易秩序的重要手段。（　　）
改正：_____

5. 三国时期，中国古代经济和文化发展迎来了一个高峰，对外贸易呈现空前繁荣的局面。（　　）
改正：_____

6. 明代中国开始设置海关，负责管理对外贸易和征收关税。（　　）
改正：_____

7. 1967年，我国开始举办广州出口商品交易会。（　　）
改正：_____

8. 1840年鸦片战争后，中国从此沦为半封建半殖民地社会。（　　）
改正：_____

9. 圈地运动形成了"羊吃人"的现象，为资本主义生产方式的确立造就了庞大的劳动力大军。（　　）
改正：_____

10. 2012年9月和10月，中国国家主席习近平相继提出共同建设"丝绸之路经济带"和"21世纪海上丝绸之路"。（　　）
改正：_____

四、单选题

1. 人类社会第一次大分工产生于_____末期。

A. 原始社会　　　B. 奴隶社会　　　C. 封建社会　　　D. 资本主义

2. 奴隶社会时期从事国际贸易的国家主要集中在_____和黑海沿岸地区。

A. 地中海东部　　B. 波罗的海　　　C. 红海东部　　　D. 墨西哥湾

3. 无论从劳动力、资本或是从市场来看，对外贸易对于资本主义生产方式的形成都起到了_____作用。

A. 决定　　　　　B. 促进　　　　　C. 消极　　　　　D. 限制

4. 15世纪末的"圈地运动"产生于当时的_____。

A. 英国　　　　　B. 德国　　　　　C. 法国　　　　　D. 美国

5. 2014年11月8日，中国对外宣布将出资400亿美元成立_____，为"一带一路"沿线国家基础设施建设、资源开发、产业合作等有关项目提供投融资支持。

A. 丝绸之路基金　　　　　　　　　B. 经济发展基金

C. 扶持基金　　　　　　　　　　　D. 奖励基金

6. 1519年至1522年，_____第一次完成环球航行。

A. 达·伽马　　　B. 麦哲伦　　　　C. 郑和　　　　　D. 哥伦布

7. 1820年，_____的工业总产值占世界工业总产值的一半，被称为"世界工厂"。

A. 英国　　　　　B. 德国　　　　　C. 法国　　　　　D. 美国

8. 我国古代"海上丝绸之路"产生于_____。

A. 汉代　　　　　B. 唐代　　　　　C. 宋代　　　　　D. 明代

9. 2013年9月，中国国家主席习近平在访问哈萨克斯坦时提出构建"_____"。

A. 丝绸之路经济带　　　　　　　　B. 海上丝绸之路

C. 欧亚大陆桥　　　　　　　　　　D. 21世纪海上丝绸之路

10. _____年12月，中国正式加入世贸组织，对外贸易进入了崭新的发展阶段。

A. 2001　　　　　B. 2010　　　　　C. 2011　　　　　D. 2012

小组活动（一）

【背景资料】

入世以来我国对外贸易的发展　　　　　　　　　　　　　　单位：亿美元

年份	进出口总额	出口总额	进口总额	差额	世界贸易排序
2001	5097.7	2661.6	2436.1	226	6
2002	6207.9	3256	2952	304	5
2003	8512	4383.7	4128.4	255.3	4
2004	11547.4	5933.6	5633.8	319.8	3

续表

年份	进出口总额	出口总额	进口总额	差额	世界贸易排序
2005	14221.2	7620	6601.2	1018.8	3
2006	17606.9	9690.8	7916.1	1774.7	3
2007	21738	12180	9558	2622	2
2008	25616.3	14285.5	11330.8	2954.7	2
2009	22072.7	12016.7	10056	1960.7	1
2010	29727.6	15780	13950	1831	1
2011	36420.6	18986	17434.6	1551.4	1
2012	38667.6	20489.3	18178.3	2311	1
2013	41600	22100	19500	2597.5	1
2014	43030.38	23427.48	19602.9	3824.58	1

【活动要求】

请根据上述背景资料，结合所学内容，以小组为单位，讨论并用图表描述改革开放以来我国对外贸易发展：

1. 我国入世以来对外贸易发展概况（用曲线表示）

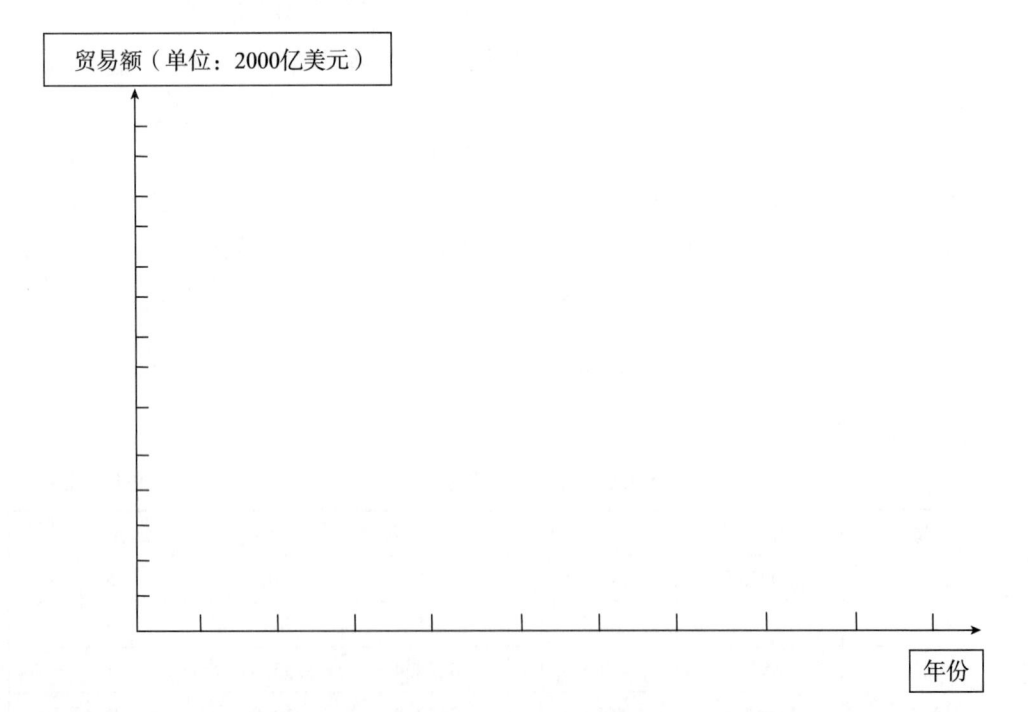

贸易额（单位：2000亿美元）

年份

2. 我国入世以来出口贸易及进口贸易发展状况（用柱型表示）

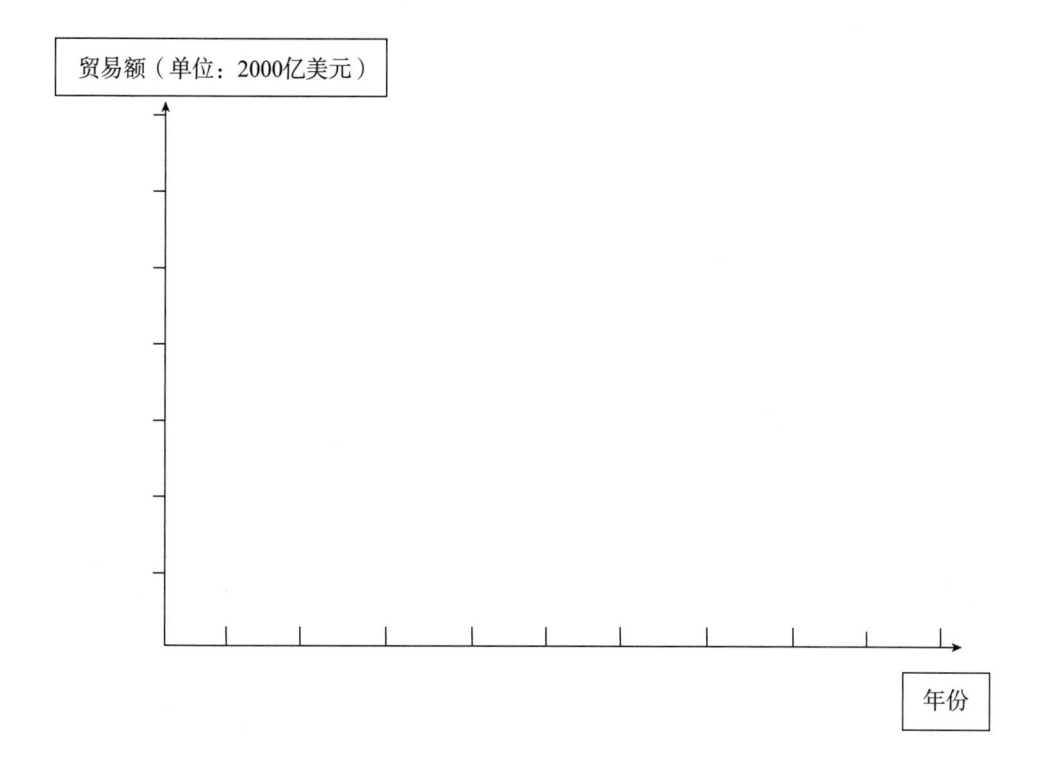

贸易额（单位：2000亿美元）

年份

3. 从上述图表来看，我国入世以来对外贸易发展有哪些特点？

小组活动（二）

【背景资料】

2000年，当国内市场彩电巨头正掀起你死我活的恶性竞争时，青岛海尔毅然向美国出击，在美国建立实验室，实现人才本土化，从中国的海尔转变为世界的海尔……

一部《泰坦尼克号》以悲壮的爱情故事创下了空前的票房收入，令世人为之潸然泪下，令美国好莱坞的制片商腰包大鼓；一部以中国古代故事《花木兰从军》为蓝本的美国卡通片以不可思议的票房令中国同行奋起直追。

据海关统计，2014年，我国进出口总值26.43万亿元人民币，比2013年增长2.3%。其中，出口14.39万亿元，增长4.9%；进口12.04万亿元，下降0.6%；贸易顺差 2.35 万亿元，扩大 45.9%。关税收入为 2843.2 亿元，同比增长 8.1%，占该年财政收入的 2.03%。

【活动要求】

请根据上述背景资料，以小组为单位，讨论及问答以下问题：

1. 2000 年青岛海尔毅然向美国出击、走向世界的例子，说明对外贸易在我国国民经济发展中的哪些作用？

2. 《泰坦尼克号》和美国卡通片在中国深受观众的喜爱，说明对外贸易在我国国民经济发展中的哪些作用？

3. 试简要说明我国 2008 年的海关税收收入的特点及对外贸易在国民经济发展中的作用。

第 3 章

国际贸易政策与措施

知识目标

1. 了解国际贸易政策的基本类型及其演变。
2. 了解关税的主要种类及其区别。
3. 了解非关税壁垒的主要种类。
4. 了解国际贸易中有关出口的促进措施。

重点难点

1. 自由贸易政策与保护贸易政策的内容及实质。
2. 关税的征收依据。
3. 非关税壁垒的特点及实质。
4. 世界各国促进出口的主要措施与内容,了解经济特区设置的主要原则与目的。

奥巴马宣布对中国输美轮胎征收惩罚性关税

当地时间9月11日 美国总统奥巴马宣布,对从中国进口的所有小轿车和轻型卡车轮胎征收为期三年的惩罚性关税

原有关税:4%

惩罚性关税税率:
第一年 35%
第二年 30%
第三年 25%

9月26日正式生效

关税

本章导读

1974年，摩托罗拉生产完最后一台电视机并决定将工厂卖给三菱公司，原先生产电视机的资源将用于其他优势更大的领域，如航天工业、计算机、制药等，电视机则改为从日本进口。美国这家大公司的做法引发人们质疑：美国其实可以生产世界上最优质的电视机，为什么不再生产电视机而改为从日本进口，难道美国生产电视机的技术不如日本吗？

事实证明，摩托罗拉公司当时的决策是正确的。同样道理，在国际贸易领域，不同的国家或地区往往会根据各自的经济结构、社会环境、产品和服务的竞争能力，对外的政治、经济关系以及某种经济思想和贸易理论制定自己的对外贸易政策。在政策的实施过程中，不同国家通常会按照国家最高利益这个根本出发点，采取各种奖励或限制进出口的措施，以保护本国的相关产业和市场，提升产品国际市场竞争力。

通过本章学习，你将了解和掌握以下知识：
(1) 对外贸易政策概述；
(2) 关税措施；
(3) 非关税措施；
(4) 促进和管理进出口贸易措施。

3.1 对外贸易政策概述

对外贸易政策是指一国政府根据本国的政治经济利益和发展目标而制定的在一定时期内的进出口贸易活动的准则。它包括一国在一定时期内对进出口贸易所实行的法律、规章、条例及措施等。对外贸易政策既是一国总经济政策的一个重要组成部分，又是一国对外政策的一个重要组成部分。从国际贸易发展的角度看，对外贸易政策归纳为三种基本类型：自由贸易政策、保护贸易政策和管理贸易政策。

3.1.1 自由贸易政策

1. 自由贸易政策定义

自由贸易政策是指国家取消对进出口贸易的限制和障碍，取消对本国进出口商品的各种特权和优惠，使商品自由地进出口，在国内外市场上自由竞争。

2. 产生背景

18世纪中叶，随着英国产业革命的兴起和发展，大机器工业的生产能力倍增，英国需要进口国外大量的廉价粮食和工业原料，同时其工业产品需要出口到国外占领别国的销售市场。为了推进以英国为中心的国际分工格局的形成，英国在反对重商主义的保护贸易政策中，率先实施自由贸易政策。

3. 理论基础

随着英国产业资本地位的提高，代表工业资产阶级利益的自由贸易理论和政策应运而生，代表人物有英国古典经济学家亚当·斯密（A. Smith，1723—1790年），大卫·李嘉图（D. Ricardo，1772—1823年），瑞典经济学家赫克歇尔和俄林等人。他们积极倡导并从理论上为自由贸易政策的制定提供了理论基础。

（1）绝对成本学说

亚当·斯密的绝对成本（又称绝对利益）学说，从生产成本的绝对差别出发，认为一国生产商品的成本比别国的生产成本绝对低，即具有了绝对利益的优势，该商品就可以出口，反之就应该进口。

小资料

亚当·斯密《国富论》自由贸易政策的要点

1. 自由竞争，商品和生产要素在国际自由流动。
2. 对外开放市场，消除封闭和垄断，促进国内外市场融合。
3. 取消政府干预，取消进口限制和出口奖励措施。

（2）比较成本学说

大卫·李嘉图的比较成本（又称比较利益）学说认为，在一国并不拥有任何绝对优势的情况下，也可以通过发挥比较优势获得贸易的利益。所谓比较优势就是说，在各种产品的生产上都占相对优势的国家，应集中资源中相对优势更大的产品；而在各种产品生产上都居绝对劣势的国家，应集中资源生产劣势更小的产品，然后通过自由贸易，彼此都节约了劳动，各国均可以获得利益。

（3）要素禀赋理论

现代经济学家赫克歇尔和俄林的要素禀赋理论认为，由于生产要素（劳动、资本、土地）在一国（地区）的天然供给情况不同，一国出口的应是本国丰富生产要素所生产的商品，进口的应是本国稀缺要素所生产的商品。后来许多经济学家又进一步完善和发展了自由贸易理论。"如果购买所费，比家内生产所费为小，就一定不宜于家内生产，那是贤明的家长都知道的格言。""于个别家庭为得策者，于全国亦不致为失策。"

小资料

李嘉图——成功的生意人和自由贸易政策的倡导者

李嘉图，1772年4月18日出生于伦敦，父亲是荷兰裔犹太移民，是一位富裕的股票经纪人。12岁那年，李嘉图被父亲送到荷兰留学。14岁回到英国，受雇在父亲开办的股票交易所工作。"他所受到的正规教育是一个伟大的经济学家所受到的最贫乏的教育"，但16岁时李嘉图已经成为英国金融界的知名人物。

1815年6月14日，英国政府发行了一笔庞大的战争债券——3600万英镑。当时拿破仑军队势如破竹，横扫欧洲大陆，伦敦股市一路下滑，投资者信心也跌到了低谷。李嘉图经仔细研究，认为英军可能获胜，遂以较低价格承包了大量的政府债券。

1815年6月18日，拿破仑与威灵顿展开殊死决战。当威灵顿将军获胜的消息传至英国时，英国债券价格如火箭一般急速升值。李嘉图个人财富大幅增值，使他有足够的经济实力于1819年花钱购买了英国上议院一个代表爱尔兰的席位，大力倡导他在《政治经济学与赋税原理》里一再主张的自由贸易理论。

51岁时李嘉图逝世于自家庄园，身后留下了675000~775000英镑的资产，而他三十年前自立门户时候，身上不过区区800英镑。

3.1.2 保护贸易政策

1. 保护贸易政策定义

保护贸易政策是指国家广泛利用各种措施限制进口并控制经营领域和范围，保护本国产品和服务在本国市场上免受外国商品和服务等的竞争，并对本国出口商品和服务贸易给予优待和补贴。

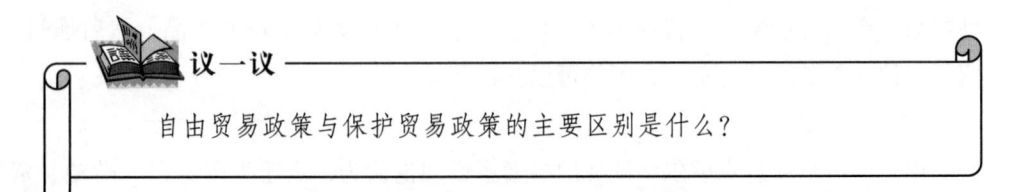

议一议

自由贸易政策与保护贸易政策的主要区别是什么？

2. 保护贸易政策背景

保护贸易政策起源于15~17世纪的英国，并不断形成体系，它是与自由贸易政策相对应的一种国际贸易政策。保护贸易政策的特征是鼓励出口、限制进口，它的发展演变大体经历了以下几个时期。

（1）15~17世纪的保护贸易政策

这一时期欧洲封建主义经济基础逐渐瓦解，资本主义因素迅速发展。代表商业资产阶级利益的经济思想和贸易政策居主导地位。这一政策的主要目标是通过奖出限入的办法，扩大贸易顺差，把贵重金属留在国内，以促进资本的原始积累。这种保护贸易政策经历了从严格的金银进出口管制到货物进出口管制两个阶段。

（2）19世纪的保护贸易政策

由于各国经济发展水平的不同，一些产业革命起步较晚的国家，如德国和美国，在英国大力推行自由贸易政策的同时选择了保护贸易政策。

这种政策的主要目标是通过禁止进口和提高关税的办法保护国内幼稚工业的发展。但并非对进口商品一概实行高关税，凡有利于本国生产力发展的技术与设备的进口，则实行低税或免税。

（3）20世纪上半叶的超保护贸易政策

超保护贸易政策是主要资本主义国家开始进入垄断阶段时出现的一种主张国家积极干预对外贸易的政策体系。它的本质是国家积极采取各种各样的奖出限入的措施，保护国内高度发达的或出现衰落的垄断工业，巩固和加强对国外市场的垄断，加强对国外市场进攻性的扩张，以保护大垄断资产阶级的利益。

3. 保护贸易政策理论基础

保护贸易政策的重要代表人物包括廉·斯塔福（W. Stafford，1554—1612年）、托马斯·孟（Thomas Mun，1571—1641年）、德国经济学家李斯特（F. List，1789—1846年）。

小资料

德国古典经济学家李斯特

德国经济学家，保护贸易论倡导者。出身于南德符腾堡州卢林根据镇的一个鞋匠家庭。1825年赴美，任当地德文报纸主笔，曾将宾夕法尼亚工业促进协会会刊汇集成书出版，即《美国政治经济学大纲》（*Outline of American Political Economy*，1827）。1830年加入美籍，曾任美驻莱比锡、汉堡领事。1841年其代表作《政治经济学的国民体系》（*The National System of Political Economy*）问世，数月之内发行3版。1846年赴英，鼓吹保护贸易。因病返德后，他生活潦倒，身心憔悴，在冬天的一个雪夜开枪自杀，时年57岁。

（1）幼稚工业保护理论

幼稚工业保护理论是德国经济学家李斯特提出的，他主张经济落后的国家应干预对外贸易，保护有发展前途的幼稚工业，使其幼稚工业经过保护逐步成熟，与国外竞争者竞争。

（2）对外贸易乘数理论

对外贸易乘数理论是英国经济学家凯恩斯及其追随者为超保护贸易政策提供的理论依据。该理论认为：一国出口增加的作用与国内投资增加的作用一样可增加国民收入。相反，一国进口的增加则与国内储蓄增加的作用一样会减少国民的收入。因此，国家应干预对外贸易，采取措施鼓励出口，限制进口，通过对外贸易带动国民经济的发展。

小资料

英国经济学家凯恩斯

凯恩斯（John Maynard Keynes，1883—1946），英国经济学家，宏观经济学创始人，现代西方经济学最有影响的经济学家之一，被誉为"经济学界的爱因斯坦"、"资本主义的救星""战后繁荣之父"。主张政府应积极扮演经济舵手的角色，通过财政与货币政策来对抗景气衰退乃至经济萧条。凯恩斯不仅是经济学理论上的天才，更是大胆实践者。他勇于打破旧的思想束缚，率先提出国家干预经济的主张，对整个总体经济学贡献极大；他对第二次世界大战后财政、货币和社会保障的影响，让英国赢得财政上的独立，并得以应付长达六年的世界大战；他率领英国代表团出席了具有历史意义的布雷顿森林（Bretton Woods）会议，推动国际货币基金组织和世界银行的成立，使战后世界金融体系因此建立。

网络链接

了解更多有关超保护贸易政策的相关知识可链接
http://baike.baidu.com/view/245547.htm

3.1.3 第二次世界大战以后的对外贸易政策的演变

1. 贸易自由化

（1）贸易自由化的概念

贸易自由化是指在世界范围内关税水平大幅度降低，其他限制进口的措施普遍放宽的现象。

（2）出现背景

20世纪50~70年代初，随着美国和其他西方国家经济的恢复和发展，以及关税与贸易总协定（GATT）范围内多边贸易谈判的成功，在发达资本主义国家的外贸政策中出现了贸易自由化倾向，并一度在国际贸易领域占据上风，相对减轻了发达国家对外贸易政策的保护程度。

（3）主要表现

贸易自由化主要表现在以下两个方面：

第一，关税大幅度下降。

第二，非关税限制措施放松。发达国家不同程度地放宽进口数量限制，放宽或取消了外汇管制，实行货币自由兑换，促进了贸易自由化的发展。

小资料

贸易自由化的主要表现

1. 关税与贸易总协定各缔约方平均进口最惠国待遇税率从50%左右下降到5%以下。
2. 欧洲经济共同体成员国之间取消关税，对外通过谈判大幅度降低关税。
3. 发达国家通过实施普遍优惠制，对来自发展中国家和地区的制成品和半制成品大幅度减免关税。

---

2. 新贸易保护主义

1974—1975年，主要西方国家爆发了战后最严重的经济危机，以后又发生了两次较严重的经济衰退。由于经济发展停滞，通货膨胀和失业率居高不下，国际市场竞争空前激烈，逐渐引发了全球性保护贸易浪潮，直到20世纪90年代初期。

这一时期的保护贸易政策将关税以外的措施作为限制进口的主要手段，并不断加强鼓励出口的措施，它使被保护的商品从传统产品、农产品转向高级工业品，被保护的领域从货物贸易扩大到服务贸易，故被称之为新贸易保护主义。它严重影响了世界经济的发展，伤害了发展中国家的利益。

3. 协调管理贸易政策

协调管理贸易介于自由贸易和保护贸易之间，属于有组织的自由贸易。它以协调国家经济利益为中心，以政府干预贸易环境为主导，以磋商谈判为轴心，对本国进出口贸易和全球贸易关系进行全面的干预、协调和管理的一种贸易政策。

20世纪80年代以后，随着国际资本流动加快和跨国公司的急剧发展，西方发达国家不断调整经济结构和对外贸易关系，出现协调管理贸易政策。协调管理贸易政策使对外贸易政策逐步法律化，并与其他国内法相配合，使贸易保护制度走向系统化。

1995年1月1日，世界贸易组织（WTO）正式成立，以世界贸易组织为核心的多边贸易体制得到增强。贸易化和开放贸易体制成为全球贸易的主流，发达国家和发展中国家都在努力地实施世界贸易组织的各项协议和协定，并以这些协议和协定为核心，协调本国贸易政策，以便推动贸易与投资的变化，促进全球贸易的发展。

议一议

1. 发达国家为什么一个时期实行自由贸易政策，另一个时期又实行保护贸易政策？
2. 超保护贸易政策与自由竞争时期的保护贸易政策有何不同？

3.2 关税方面的措施

关税不仅是一国财政收入的重要来源，也是对外贸易政策的重要内容。各国政府和世界贸易组织都把关税与对外贸易放在同等的地位上。

3.2.1 关税概述

1. 关税的定义

关税（customs duties；tariff）是指进出口商品经过一国关境时，由政府所设置的海关向进出口商所征收的税收。

关税征收是通过海关执行的，征收关税的领域叫关境（customs frontier）。

海关是设在关境上的国家行政管理机构，是贯彻执行本国有关进出口政策、法令和规章的重要工具。海关的任务是根据国家的政策、法令和规章对进出口货物、货币、金银、行李物品、邮递物品和进出境运输工具等实行监督管理、征收关税、查禁走私货物、临时保管通关货物和统计进出口商品等。海关有权对不符合国家规定的进出口货物不予放行、罚款，甚至没收或销毁。

> **小资料**
>
> **关税的基本作用**
>
> 1. 增加国家财政收入；
> 2. 保护和调节本国进出口贸易；
> 3. 国际经济斗争的重要武器。

2. 关税的特点

（1）强制性。强制性是指海关依法强制性征税，纳税人必须无条件服从。

（2）无偿性。无偿性是指海关代表国家征税后无须给纳税人任何补偿。

（3）固定性。固定性是指国家预先规定的征税法律、规章、税率、税额，海关和纳税人不得随意变化。

（4）间接性。关税虽然是向进出口商征收，但关税的直接负担者是消费者，因此，关税是一种间接税。

> **小资料**
>
> **关境与国境的区别**
>
> 关境 > 国境（几个国家间缔结关税同盟时）
>
> 关境 < 国境（在国境内开设自由港、自由贸易区、出口加工区时）
>
> 关境 = 国境（无上述两种情况时）

3.2.2 关税的主要种类

1. 按征税目的划分

（1）财政关税

财政关税（revenue tariff）是指以增加国家的财政收入为主要目的而征收的关税。这种关税税率要适中，否则将阻碍进口，达不到增加财政收入的目的。

（2）保护关税

保护关税（protective tariff）是指以保护本国工业或农业发展为主要目的而征收的

关税。保护关税的税率越高越能达到保护的目的。如果税率高达100%以上，等于禁止进口。

2. 按征税对象或商品流向划分

（1）进口税

进口税（import duties）是指进口国海关在外国货物输入时，对本国进口商所征收的关税。这种关税在外国货物直接进入关境或国境时征收，或者在外国货物从自由港、自由贸易区或海关保税仓库等提出运往进口国国内市场时征收。一般来说，以限制进口为目的征收的高额进口税称为关税壁垒。进口税的高低通常取决于进口商品的加工程度，工业制成品的关税税率较高，半制成品次之，原料最低甚至免税。

一般进口税分为最惠国税和普通税两种。最惠国税适用于与进口国家签有最惠国待遇条款的贸易协议的国家或地区的商品。普通税则适用于彼此之间没有签订此类贸易协议的国家或地区的商品。普通税被称为最高关税。最惠国税率和普通税率之间的差幅往往较大。

（2）出口税

出口税（export duties）是指出口国海关在本国产品输往国外时，对出口商所征收的关税。目前大多数国家对绝大部分出口商品都不征收出口税，因为征收出口税会提高本国商品在国外市场上的销售价格，降低商品的竞争能力，不利于扩大出口。但出口税也是一国调控出口的重要手段。一些发展中国家征收出口税的目的或是为了财政收入，或是为了保护本国的生产和市场，或是为了限制原料性产品低价外流。

（3）过境税

过境税（transit duties）是指一国对通过其关境的外国货物所征收的关税。目前大多数国家都不征收过境税，仅征收少量的准许费、印花费、登记费和统计费等。

3. 按差别待遇划分

（1）最惠国税

最惠国税（MFN duties）适用于签订有最惠国待遇协议的国家或地区间的进口商品。最惠国待遇是指缔约国双方相互间现在和将来所给予第三国在贸易上的优惠、豁免和特权同样给予缔约对方。最惠国待遇可以通过国家之间实施。也可以通过多边贸易协定在缔约方之间实施。由于目前多数国家或地区已加入世贸组织，或通过多、双边贸易协定相互提供最惠国待遇，因此，最惠国税又被称为正常关税。

（2）普惠制税

普惠制税（GSP duties）是实施普遍优惠制方案所征收的一种优惠关税。普遍优惠制（generalized system of preferences，GSP）是在1968年联合国贸易与发展会议第二届会议上确定的，简称普惠制。根据普惠制协议，发达国家承诺对从发展中国家或地区输入的商品，特别是制成品和半制成品，给予普遍的、非歧视和非互惠的优惠关税待遇。

所谓普遍的，是指发达国家应对发展中国家或地区的出口制成品和半制成品给予普遍的优惠待遇。

所谓非歧视的，是指所有发展中国家或地区都无一例外地享受普惠制待遇。

所谓非互惠的，是指发达国家应单方面给予发展中国家或地区关税优惠，而不要求它们提供"反向优惠"。普惠制的目的是增加发展中国家或地区的外汇收入，加速发展中国家或地区的经济增长。

发达国家和发展中国家分别为给惠国和受惠国。1971年7月1日，欧共体率先实施普惠制方案，美国迟至1976年才实施普惠制方案。

> **小资料**
>
> **我国产品从欧盟普惠制"毕业"**
>
> 2015年1月1日起，我国出口至欧盟的产品不再享受欧盟普惠制待遇。
>
> 我国从1979年开始正式享受欧盟普惠制待遇，即出口欧盟的产品凭我国签发的普惠制证书可享受优惠关税待遇。此后，我国签发的输欧盟普惠制证书逐年增多。依照欧盟内部条例，连续三年被世界银行评定为高收入或中高收入的国家将不再享受欧盟普惠制待遇。2011年至2013年，我国收入水平符合了上述标准。因此自2015年1月1日起，我国出口至欧盟的产品不再享受欧盟普惠制待遇。由于此前普惠制证书平均能给企业带来5%的关税减免，这意味着出口欧盟国家的企业将多出5%的运营成本。
>
> 但是，欧盟对不发达国家和地区会长期给予更为优惠的政策，不仅规定对这些国家和地区不采用"毕业"机制，而且规定对原产于这些国家和地区的受惠产品，绝大部分给予免除关税的待遇。目前世界经济一体化已成为趋势，我国企业可考虑向这些国家和地区投资。

给惠国有权单独制定普惠制给惠方案（GSP scheme），作为实施普惠制的具体执行办法。各给惠方案的内容不尽相同，但主要内容都包括给惠产品范围、关税削减幅度、保护措施、原产地规则、受惠国家（或地区）名单和有效期等。给惠国为了能够有效保护国内的相关产业，往往在方案中制定"产品毕业"的规定，即取消一些已经具有较强出口竞争力的发展中国家或地区的普惠制待遇。毕业又分为产品毕业和国家毕业。

> **网络链接**
>
> 了解更多有关享受普惠制待遇商品的条件可链接
> http://mep128.mofcom.gov.cn/mep/

（3）特惠税

特惠税（preferential duties）又称优惠税，是指对某个国家或地区进口的全部货物或部分货物，给予特别优惠的低关税或免税待遇。它有互惠的，也有非互惠的。第二次世界大战后实施特惠税的主要是欧共体与撒哈拉以南、非洲、加勒比海和太平洋地区60多个国家和地区在缔结《洛美协定》时规定的特惠税。《洛美协定》于1975年2月在多哥首都洛美签订，为期5年，以后又多次续签。

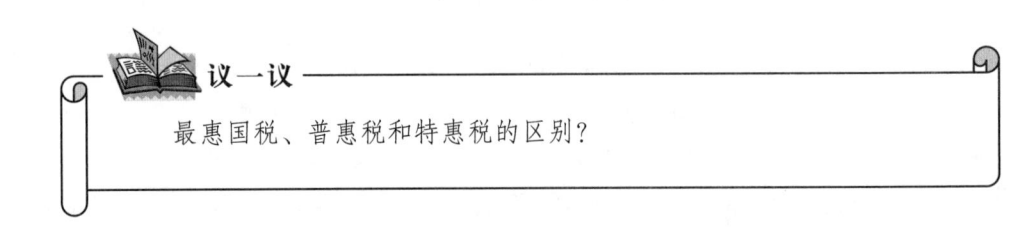

> **议一议**
>
> 最惠国税、普惠税和特惠税的区别？

4. 按特殊目的划分

进口国对进口商品除征收正常进口税外还根据某种目的再加征的部分进口税，即进口附加税，又称为特别关税。由于进口附加税是为特殊目的而设置的，不体现在海关税则中，而且其税率的高低往往视征收的具体目的而定。进口附加税通常包括反补贴税、反倾销税和差价税。

（1）反补贴税

反补贴税（counter-veiling duty）又称抵消税或补偿税，是指对于直接或间接地接受任何奖金或贴补的外国货物进口时所征收的一种进门附加税。

按世贸组织《补贴和反补贴措施协议》的有关规定，凡进口货物在生产、制造、加工、买卖、输出过程中直接或间接地接受出口国给予的任何形式的补贴，并由此对进口国国内某项已建的产业造成重大损害或产生重大损害威胁或对国内建立的相关产业造成实质阻碍时才构成征收反补贴税的条件。不管这种奖金或补贴是来自政府还是公共机构。

反补贴税的税额一般按奖金或补贴的数额征收。其目的在于增加进口货的成本，抵消其所享受的补贴金额，削弱其竞争力，使其不能在进口国的国内市场上进行低价竞争或倾销。征收反补贴税必须按规定的程序发起调查，确定补贴存在，并对进口国造成重大损害。当补贴与重大损害之间存在着因果关系时，才可以征收反补贴税。

> **小资料**
>
> **何谓"补贴"**
>
> 补贴是指一成员方政府或任何公共机构向某些企业提供的财政捐助以及对价格或收入的支持，以直接或间接增加从其领土输出某种产品或减少向其领土内输入某种产品，或者对其他成员方利益形成损害的政府性措施。

（2）反倾销税

反倾销税（anti-dumping duty）是指对于实行商品倾销的进口货所征收的一种进口附加税。一般对倾销的外国商品除征收一般进口税外，再增收附加税，使其不能廉价出售，此种附加税被称为"反倾销税"。其目的在于抵制外国商品倾销，保护国内生产和国内市场。

> **小资料**
>
> **何谓"倾销"**
>
> 倾销是指一国产品以低于正常价值的价格出口到另一国，并对进口国的相关产业造成实质损害或构成实质损害威胁，或实质阻碍进口国建立相关产业的行为。

根据世贸组织的《反倾销协议》规定，一成员要实施反倾销措施，必须遵守以下三个条件：

第一，确定存在倾销的事实；

第二，确定对国内产业造成了实质损害或实质损害的威胁，或对建立国内相关产业造成实质阻碍；

第三，确定倾销和损害之间存在因果关系。

所以，确定倾销必须经过三个步骤：①确定出口价格；②确定正常价格；③对出口价格和正常价格进行比较。

同时，反倾销税的征收必须以反倾销调查为基础，反倾销税的征收额可以等于或小于倾销幅度，但绝不可以大于倾销幅度。

征收反倾销税和补贴税，旨在防止国际贸易中的不公平竞争行为，又称为贸易救济措施。如果一种进口产品被认定为倾销和补贴同时存在时，进口国只能征收一种关税，而不能同时征收反倾销税和反补贴税。

> **小资料**
>
> **商务部对原产于欧盟、美国和日本的进口
> 未漂白纸袋纸进行反倾销立案调查**
>
> 2015年4月10日，商务部发布2015年第9号公告，决定即日起对原产于欧盟、美国和日本的进口未漂白纸袋纸进行反倾销立案调查。此次反倾销调查涉及的产品英文名称为Unbleached Sack Paper，归在《中华人民共和国进出口税则》：48042100。
>
> 根据《中华人民共和国反倾销条例》的规定，商务部将从即日起对原产于欧盟、美国和日本的上述进口产品的倾销、倾销幅度及其对中国同类产品产业的损害、损害程度进行调查。
>
> （选自商务部新闻办）

（3）差价税

即差额税，当本国生产的某种产品的国内价格高于同类进口商品的价格时，为了保护国内生产和国内市场，按照国内价格与进口商品价格间的差额征收的关税，也称滑动关税，是欧盟农产品"闸门价格"。

3.2.3　关税的征收

1. 征税依据

（1）海关税则

海关税则（customs tariff）又称关税税则，它是一国对进出口商品计征关税的规章和对进、出口的应税与免税商品加以系统分类的一览表。海关税则是海关征收关税的依据。

（2）海关税则的构成

海关税则由课征关税的规章条例及关税税率表两部分组成。关税税率表主要包括税则号列（简称税号）、货物分类目录和税率三部分。

（3）《协调制度》

《协调制度》是《商品名称及编码协调制度》（*The Harmonized Commodity Descrip-*

tion and Coding System，H. S）的简称，是综合国际上多种商品分类目录而制定的一部多用途的国际贸易商品分类目录，它将商品分为 21 个大类、97 章，第 77 章留空备用。为适应国际贸易和商品的发展，世界海关组织（WCO）每隔 4～6 年对《协调制度》进行一次修订。2012 版的《协调制度》共有六位数的子目 5205。其中，四位数税目的前两位表示税目所在的章，后两位数表示项目在有关章的排列次序。例如税目 09·02 是茶叶，包括绿茶和红茶。其中"09"表示该商品处于第九章，"02"表示该商品为第九章的第二项；0902·3010 为乌龙茶，后两位数表示子目。1992 年 1 月 1 日起我国正式实施以《协调制度》为基础的新的海关税则。

> **网络链接**
>
> 了解更多有关商品名称及编码协调制度相关资料可链接
> http://baike.baidu.com/view/391610.htm

2. 关税税则分类

根据关税的栏目，海关税则可分为单式税则和复式税则；依据税则的制定权，海关税则又可分为自主税则和协定税则；按税款征收的对象加以分类，有进口税则和出口税则。

（1）单式税则和复式税则

单式税则（single tariff）又称一栏税率，适用于来自任何国家的商品，没有差别待遇，现只有少数国家采用。

复式税则（complex tariff）又称多栏税则，即一个税目下定有两个或两个以上的税率，对来自不同国家的进口商品适用不同的税率，以便实行差别待遇。其中普通税率是最高税率，特惠税率是最低税率，在这两种税率之间，还有最惠国税率、协定税率和普遍优惠制税率等。大多数国家实行复式税则。

（2）自主税则和协定税则

自主税则（autonomous tariff）又称国定税则，是指一国立法机构根据关税自主原则单独制定而不受对外签订的贸易条约或协定约束的一种税率。该税则分为自主式税则和自主复式税则。

协定税则（conventional tariff）是指一国与其他国家或地区通过贸易与关税谈判，以贸易条约或协定方式确定的关税税则。该税则中的税率通常比固定税率低。

（3）进口税则和出口税则

凡在税则中仅设置进口税率的，称为进口税则（import tariff）；仅设置出口税率的称为出口税则（export tariff）；如果把进口税则和出口税则合在一起，即每一税目同时设置进口和出口税率,则称为进出口税则。目前我国使用的即属于进出口税则。

3. 征税标准或方法

各国海关在计征关税时往往从收取最大税额考虑,对不同商品设置不同的征税方法,通常使用的有从量税、从价税、选择税和混合税。

(1) 从量税(specific duties),是指按进口货物的重量、数量、容量、长度和面积等计量单位计征的关税。

以商品重量为单位征收的从量税,在商品价格下降时,从量税的保护作用更明显,而在商品价格上涨时不能达到保护关税的目的。

(2) 从价税(ad valorem duties),是指按照进口货物价格为标准计征的关税,其税率表现为货物价格的百分率。

从价税的征收与价格有着密切关系,其优点是征税方法简单,税率明确,便于比较各国税率。从价税的缺点是进口商品的完税价格难以确定,因为各国采用的完税价格标准很不一致。

(3) 混合税(mixed or compound duties),又称复合税,是指对同一税目中的商品同时使用从量税和从价税征收关税的一种方法。

(4) 选择税(alternative duties),是指对同一税目的商品定有从量税和从价税两种税率,根据需要从中选择一种有利税率的征税方法。

小资料

几种主要的关税计算公式

从量税额 = 商品数量 × 每单位从量税

从价税额 = 完税总值 × 从价税率

混合税额 = 从量税额 + 从价税额

选择税额 = 在从量税和从价税两种税额选择一种征收。

---

4. 通关程序

通关程序又称为报关手续,是指出口商或进口商向海关申报出口或进口,接受海关的监督与检查,履行海关规定的手续。在办完通关手续,结清应付的税款和其他费用,经海关同意,货物即可通关放行。

通关手续包括货物的申报、查验、征税和放行等环节。

> **小资料**
>
> **发达国家和发展中国家关税**
>
> 在关税与贸易总协定和世贸组织的作用下,发达国家的关税水平不断下降,目前实行整体上的低税率政策和局部的高关税政策。
>
> 发展中国家的关税具有普遍性的保护性质。主要表现在:对生活奢侈品、非必需品以及与本国有竞争性的工业产品征收高额进口税,税率有时高达50%~100%;为防止本国经济发展所必需的原料和初级产品大量外流也征收出口税。

3.3 非关税方面的措施

3.3.1 非关税措施概述

1. 非关税措施定义

非关税措施是指关税以外的各种限制进口的措施,又称非关税壁垒(non-tariff barriers,NTBs)。关税壁垒和非关税壁垒合称为贸易壁垒,指一国政府对外国商品进口所采取的一切限制措施。

2. 非关税措施特点

与关税壁垒相比,非关税壁垒在限制进口方面具有更大的灵活性、针对性、隐蔽性和歧视性,能更有效地限制进口。

3. 非关税措施类型

非关税壁垒包括直接的和间接的两大类。

第一类:直接的非关税壁垒

直接的非关税壁垒是指进口国直接对进口商品数量或金额加以限制,或迫使出口国直接限制商品的出口,如进口配额制、进口许可证制、"自动"出口限额、外汇管制等。

(1)进口配额制

进口配额又称进口限额,是一国政府对一定时期内(一个季度、半年或一年)某种商品的进口数量或金额规定限额,在规定的限额以内商品可以进口,超过配额不准进口或者征收较高的关税或罚款以后才允许进口。进口配额又可分为绝对配额和关税配额两种，前者是指在一定时期内，对某种商品的进口数量或金额规定一个最高额数，达到这个额数后，便不准进口。后者是指对商品进口的绝对数额不加硬性限制，而对在一定时期内，在规定的配额以内的进口商品，给予低税、减税或免税待遇，对超过配额的进口商品则征收较高的关税、附加税或罚款。

> **网络链接**
>
> 了解更多有关进口配额制的相关知识可链接
> http://blog.globalimporter.net/article_6746-27494.htm

（2）"自动"出口配额制

"自动"出口配额制是指出口国在进口国的要求或压力下，"自动"规定在某一时期内某种商品对该国的出口限额，在限定的配额内自动控制出口，超过配额即禁止出口。

"自动"出口配额制实际上是进口配额制的变种，它与进口配额制的主要区别是：进口配额制是由进口国家直接控制进口配额来限制商品的进口，而"自动"出口配额是由出口国家自行控制这些商品对指定进口国家的出口。但两者本质上是一样的，都是进口国家限制进口的一种手段，对进口国家来说，不管是进口配额制，还是"自动"出口配额制，都能起到限制进口的作用。

"自动"出口配额制也有两种类型，即单方面限额（自主限额）和双方协定限额。

（3）进口许可证制

进口许可证制是指一国政府规定，某些商品进口必须由进口商事先申领许可证，并凭许可证进口商品的制度。

（4）外汇管制

外汇管制是指一国政府通过法令对外汇的收支、结算、买卖和使用所采取的限制性措施。这样，政府通过控制外汇的供应数量来掌握进口商品的种类、数量和来源国别，从而达到限制进口的目的。

第二类：间接的非关税壁垒

间接的非关税壁垒是进口国对进口商品制定严格的条例或规定，间接地限制商品的进口，如歧视性的政府采购政策、歧视性的国内税、最低进口限制价、进口押金制、专断的海关估价和复杂苛刻的技术壁垒等。

（1）技术性贸易壁垒

技术性贸易壁垒（technology barriers to trade，TBT）是指进口国为限制进口，以维护生产、保护人类健康与消费者安全，保证产品质量为理由而制订的种种复杂苛刻的技术标准、法规和评定程序等。这类措施一般都是以保证产品质量、维护消费者安全和人民身体健康为理由而制定的,由于它名目繁多,规定又复杂苛刻,而且经常变化,使国外出口商往往难以适应,从而可以起到限制外国商品进口的作用。20世纪90年代以后,技术性贸易壁垒成为最主要的非关税壁垒之一。

(2) 绿色贸易壁垒

绿色贸易壁垒(green barriers)是指各国为了保护人类、动物或植物的生命或健康,而对进出口的农、畜、水产品采用或实施必要的卫生措施。这些措施如果合理科学,符合国际标准和指南,则可改善人类健康、动物健康和植物卫生状况,促进国际贸易的正常发展;否则,可能成为任意或不合理的手段,影响国际贸易的正常发展。20世纪90年代以后,国际贸易中开始盛行绿色壁垒。目前,绿色贸易壁垒的主要形式有技术标准、环境标志、包装制度、卫生检疫制度和管理制度等。

(3) 社会壁垒

社会壁垒(social barriers)是指以劳动者的劳动环境和生存权利为借口所实施的限制或禁止某类产品进口的贸易措施。该类措施旨在大大削弱发展中国家在劳动力成本方面的比较优势,其中引人注目的是SA8000标准。

小资料

毒蜘蛛"黑寡妇"作怪　新西兰禁止进口美国葡萄

2001年11月6日,在一家超级市场又发现一例被"黑寡妇"蜘蛛污染的葡萄后,新西兰政府决定禁止从美国佛罗里达州进口相关产品。这已是近年来发现的第四起美国进口葡萄感染蜘蛛毒案。根据美新两国约定,新西兰每年从美国进口1000万串葡萄,而对蜘蛛有严格的限制:100万串美国葡萄不得含有蜘蛛超过一只。据悉,黑寡妇蜘蛛是一种毒性极强的蜘蛛。它可以轻而易举毒死一个年轻人或老年人。它的显著特征是在其背部拥有十分与众不同的条纹。

(选自中新网)

网络链接

了解更多有关国际贸易中绿色贸易壁垒的相关知识可链接
http://baike.haosou.com/doc/5411037-5649133.html

> **小资料**
>
> **SA8000 标准**
>
> SA8000，又称社会责任8000标准，最早由美国社会责任国际（social accountability international，SAI）提出。该标准表明的"目的和范围"主要是"规定公司应该遵守的社会责任"，要求企业在生产和贸易活动中应承担相应的社会责任，赋予市场经济以人道主义，并规定有明确的适用范围。
>
> 尽管SA8000并没有成为国际通行的标准制度，但在国际贸易中具有非关税壁垒的本质特点。它对于发展中国家劳动密集型产品进入国际市场，不仅具有较强的约束性，而且更具有针对性和灵活性。

(4) 歧视性的政府采购政策

歧视性政府采购政策是指政府通过制定法令，规定政府机构在采购时要优先购买本国产品，从而导致对外国产品的歧视和限制，故称为歧视性政府采购政策。

(5) 歧视性的国内税

歧视性的国内税是指通过对外国产品征收较高国内税的办法来限制外国商品的进口。由于消费者在购买外国进口商品时要支付较高的国内税（如消费税等），因而会影响到他们对外国商品的购买，从而间接起到限制外国商品进口的作用。

(6) 最低进口限制

最低进口限制由一国政府规定某种商品的最低进口价格，凡进口商品的价格低于最低限价时，就征收进口附加税，甚至禁止进口。

(7) 进口押金制

进口押金制又称进口存款制，按照这种制度，进口商在进口商品时，必须预先按进口金额的一定比率和规定的时间，在国家指定的银行无息存入一笔现金，方能获准进口。这种办法增加了进口商的资金负担，影响资金的周转，减弱进口的动力，从而起到了限制进口的作用。

(8) 专断的海关估价

专断的海关估价是指有些国家不采取通常的海关估价办法，而是武断地提高某些进口商品的海关估价，以增加进口商的关税负担，阻碍商品的进口。

随着我国对外贸易地位的迅速提高，出口规模的不断扩大，产品竞争力的提升，加上与主要工业国的贸易不平衡状况日益加剧等，我国遭遇的贸易摩擦增多。同时，我国出口日益受到其他国家的关注和牵制，出口产品受到国外名目繁多、形式多样的贸易措施限制，特别是非传统贸易壁垒的制约在不断加大。目前，在我国对外贸易活动中，技术性贸易壁垒对出口的制约作用迅速上升；知识产权问题成为出口的新制约因素，这些都威胁着我国的出口贸易环境，给出口持续发展带来重大威胁，我国企业将因此面对更多的冲击和挑战。今后，我们应以充分的准备来应对所遭遇到的贸易壁垒及其引发的具体案件。

> **议一议**
>
> 非关税壁垒包括哪些类型？

3.4 促进和管理进出口的措施

由于对外贸易的重要作用，各国政府为达到一定的政治、经济目的，均采取积极措施，通过改善对外贸易环境，建立和加强促进出口的组织，利用金融措施促进出口。出口促进措施与关税措施和非关税措施共同构成一国的对外贸易政策工具。在世界贸易组织贸易自由化的背景下，采用既不违背世界贸易组织相关规则，又能避免本国国内各经济部门之间竞争劣势的出口促进措施对本国对外贸易的持续稳定发展有重要作用。

3.4.1 促进出口的措施

1. 明确政府职责，展开积极的经济外交，改善对外贸易环境

作为本国外交政策的重要组成部分，许多国家政府以本国经济利益为目标积极开展经济与外交有机结合的活动，通过参与多双边贸易谈判、国际经济与贸易组织活动及开展国别经济外交活动，如举办中美经济战略对话，参加国际性的经济、金融和贸易组织，成立地区性的经济贸易组织（集团），签订贸易协定等，保证贸易的稳定发展。

2. 重视驻外机构和贸促会工作，建立和加强促进出口的组织

（1）重视本国驻外经济商务代表的工作。驻外经济商务代表的主要目标是：尽最大努力，在最广泛的意义上增加国家的出口净收入。

（2）提高贸易便利化水平。进一步优化监管方式方法，加快电子口岸建设，进一步减少行政审批项目，简化程序，减少出口商品检验的商品种类；整顿和规范进出口环节经营性服务和收费，减轻企业负担。

（3）充分发挥行业协会的预警、组织、协调作用，加强行业自律，规范企业行为，防止恶性竞争，努力营造国际化、法治化的营商环境。建立外贸企业信用记录数据库，惩戒失信，打击欺诈，促进外贸企业诚信体系建设。

（4）成立专门的为促进出口服务的机构，加强贸易摩擦应对工作。积极支持企业应对反倾销、反补贴调查。加强贸易摩擦应对工作队伍建设，充分发挥经济贸易、国际法律专家的作用。完善贸易救济立法，依法开展贸易救济调查。通过这些机构，为出口商提供各种服务，促进出口。

3. 支持各类外贸企业发展，推动外贸发展方式的转变

（1）支持外贸综合服务企业发展，为小微企业出口提供专业化服务。

（2）支持民营、中小外贸企业发展。

（3）引导外贸企业结构调整、兼并重组、提质增效，加快形成有核心竞争力的跨国企业集团。

4. 加快国际展会、电子商务、内外贸结合商品市场等贸易平台建设

（1）扩大"市场采购"方式试点范围。

（2）出台跨境电子商务贸易便利化措施。

（3）鼓励企业在海外设立批发展示中心、商品市场、专卖店、"海外仓"等各类国际营销网络。

5. 利用金融措施促进出口

目前世界上许多国家和地区采用金融货币措施，通过国家设立进出口银行等专门的金融机构，向出口企业提供优惠的出口信贷，以提高出口产品的国际竞争力。

其具体做法有以下几种：

（1）出口信贷

出口信贷是指出口国为了支持本国产品的出口，增强国际竞争力，在政府的支持下，由本国专业银行或商业银行向本国出口商或外国进口商（或银行）提供较市场利率略低的贷款，以解决买方支付进口商品的资金需要。

出口信贷业务包括出口卖方信贷和出口买方信贷两种。前者是指出口方银行向本国出口商提供的商业贷款，后者是出口国政府支持出口方银行直接向进口商或进口商银行提供信贷支持，以供进口商购买出口国的技术和设备，并支付有关费用，也称约束性贷款。

2014年5月，为进一步改善外贸环境，国务院办公厅发布关于支持外贸稳定增长的若干意见，进一步拓宽进出口企业融资渠道，鼓励商业银行开展进出口信贷业务。按照风险可控、商业可持续原则，积极创新金融产品和服务，继续开展出口信用保险保单融资，加大对有订单有效益外贸企业的金融支持。

> **小资料**
>
> ### 国家政策性银行定位
>
> 2015年4月16日，国务院批复了国家开发银行、中国进出口银行、中国农业发展银行三家政策性银行的改革方案，强调国家开发银行要坚持开发性金融机构定位，合理界定业务范围，中国进出口银行改革要强化政策性职能定位，中国农业发展银行要坚持以政策性业务为主体。
>
> 其中中国进出口银行成立于1994年，是直属国务院领导的、政府全资拥有的国家政策性银行，其主要职责是贯彻执行国家产业政策、外经贸政策、金融政策和外交政策，为扩大我国机电产品、成套设备和高新技术产品进出口，推动有比较优势的企业开展对外承包工程和境外投资，促进对外关系发展和国际经贸合作，提供政策性金融支持。

> **网络链接**
>
> 了解更多有关出口买方信贷业务可链接
> http://www.boc.cn/cbservice/cb2/cb22/200806/

（2）出口信贷国家担保制

出口信贷国家担保制是指国家为了扩大出口，对于本国出口商或商业银行向外国进口厂商或银行提供的信贷，由国家设立的专门机构出面担保。当外国债务人拒绝付款时，这个国家机构即按照承保的数额给予补偿。这是国家用承担出口风险的方法，鼓励扩大商品出口和争夺海外市场的一种措施。

出口信贷国家担保的业务项目，一般都是商业保险公司所不承担的出口风险。主要有两类：一是政治风险，二是经济风险。前者是由于进口国发生政变、战争以及因特殊原因政府采取禁运、冻结资金、限制对外支付等政治原因造成的损失。后者是进口商或借款银行破产无力偿还、货币贬值或通货膨胀等原因所造成的损失。

2014年5月，为进一步改善外贸环境，国务院办公厅发布关于支持外贸稳定增长的若干意见，加大出口信用保险支持：扩大出口信用保险规模和覆盖面，加大对品牌产品、服务贸易、国际营销网络和微小企业的支持力度；鼓励保险公司扩大短期出口信用保险业务，进一步增加短期出口信用保险经营主体；在风险可控的前提下，对大型成套设备出口融资应保尽保；发挥外汇储备委托贷款平台等作用，采取有效措施降低大型成套设备出口融资成本。

> **网络链接**
>
> 了解更多有关我国出口信贷国家担保业务可链接
> http://www.sinosure.com.cn

> **小资料**
>
> **中国出口信用保险公司——我国政策性出口信用保险业务的金融机构**
>
> 中国出口信用保险公司（简称"中国信保"）是我国唯一承办政策性出口信用保险业务的金融机构，2001年12月18日成立。目前已形成覆盖全国的服务网络。
>
> "中国信保"的主要任务是积极配合国家外交、外贸、产业、财政和金融等政策，通过政策性出口信用保险手段，支持货物、技术和服务等出口，特别是高科技、附加值大的机电产品等资本性货物出口，支持中国企业向海外投资，为企业开拓海外市场提供收汇风险保障。

6. 利用财政措施促进出口

（1）出口退税

出口退税（export rebates）是指对出口商品已征收的国内税（消费税、增值税）部分或全部退还给出口商的一种措施。出口退税有利于降低出口商品的成本，提高其在国际市场上的竞争力。

1994年1月1日开始施行的《中华人民共和国增值税暂行条例》规定，纳税人出口商品的增值税税率为零，对于出口商品，不但在出口环节不征税，而且税务机关还要退还该商品在国内生产、流通环节已负担的税款，使出口商品以不含税的价格进入国际市场。

2014年5月，为进一步改善外贸环境，国务院办公厅发布关于支持外贸稳定增长的若干意见，加大中央财政对出口退税负担较重地区的补助力度，进一步加快出口退税进度，确保及时足额退税。适时扩大融资租赁货物出口退税试点范围。同时，加大打击骗退税力度。

> **网络链接**
>
> 了解我国出口退税业务可链接
> http://class.wtojob.com/zhuanti/ckts//

(2) 出口补贴

出口补贴（export subsidies），又称出口津贴，是一国政府为了降低出口商品的价格，增加其在国际市场的竞争力，在出口某商品时给予出口商的现金补贴或财政上的优惠待遇。

出口补贴的形式包括直接补贴和间接补贴两种：前者是指政府在商品出口时，直接付给出口商的现金补贴；后者是指政府对某些商品的出口给予财政上的优惠。如对进口原料或半制成品加工再出口给予暂时免税或退还已缴纳的进口税，免征出口税，对出口商品实行延期付税、减低运费、提供低息贷款、实行优惠汇率，以及对企业开拓出口市场提供补贴等。

7. 借助外汇倾销促进出口

外汇倾销是利用本国货币对外贬值扩大出口的措施。当一国货币贬值后，出口商品以外国货币表示的价格降低，提高了该商品的竞争能力，从而扩大了出口。同时，货币贬值的国家进口商品的价格上涨，削弱了进口商品的竞争力。

> **小资料**
>
> **世界贸易组织《补贴与反补贴协议》有关补贴的分类**
>
> 世界贸易组织中的《补贴与反补贴协议》将出口补贴分为禁止性补贴、可申诉补贴和不可申诉补贴三种。禁止性补贴是不允许成员政府实施的补贴，如果实施，有关利益方可以采取反补贴措施；可申诉补贴指一成员所使用的各种补贴如果对其他成员国内的工业造成损害，或者使其他成员利益受损时，该补贴行为可被诉诸争端解决；不可申诉补贴对国际贸易的影响不大，不可被诉诸争端解决，但需要及时通知成员。实施不可申诉补贴的主要目的是对某些地区的发展给予支持，或对研究与开发、环境保护及就业调整提供的援助等。

8. 利用经济特区促进对外贸易的发展

经济特区（special economic zone）是指一国或地区为促进对外经济贸易的发展，在其关境以外划出一定的区域，并实行免除关税等各项优惠政策，以吸引外国企业从事转口贸易和出口加工贸易等经济活动。经济特区的主要类型如下：

（1）自由港与自由贸易区

凡进入自由港（free port）、自由贸易区（free trade area）内的商品不征收关税或仅对少数商品征税，并允许在自由港或自由贸易区内开展自由加工、装卸、整理、买卖、展览活动和长期储存商品等，以利于本地区经济和对外贸易的发展，增加财政收入和外汇收入。

> **小资料**
>
> **中国自由贸易试验区**
>
> 中国自由贸易区，原则上是指在没有海关监管、查禁、重加关税的"干预"下允许货物进口、制造、再出口。中国自由贸易区是政府全力打造中国经济升级版的最重要的举动，其力度和意义堪与20世纪80年代建立深圳特区和90年代开发浦东两大事件相比。其核心是营造一个符合国际惯例的对内对外投资都要具有国际竞争力的国际商业环境。
>
> 目前，中国已批准设立自由贸易区包括：中国（上海）自由贸易试验区、广东自由贸易试验区、厦门自由贸易试验区、中国东盟自由贸易区等。
>
> （选自好搜百科）

（2）出口加工区和保税区

出口加工区（export processing zone）是指经国家批准设立的、由海关对保税加工进出口货物进行封闭式监管的特定区域。

一般说来，出口加工区面向工业，以取得工业方面的收益为主，而自由港和自由贸易区面向商业，以发展转口贸易，取得商业方面的收益为主。

保税区（bonded area）是指经国家批准设立的由海关进行监管的特定区域。进口商品存入该区内可以暂时不缴纳进口税，如再出口，也不缴纳出口税。进入区内的商品也可以进行储存、改装、分类、混合、展览、加工与制造等。

（3）自由边境区与过境区

自由边境区（free perimeter）是指设在边境地区的自由贸易区，区内使用的生产设备、原材料和消费品减免进口税,如从区内转运到本国其他地区销售则照章纳税。外国货物可在区内进行储存、展览、混合、包装、加工和制造等业务活动,其目的在于利用外国投资发展边境地区的经济。

过境区(transit zone)是指便利邻国进出口货物过境的区域。它主要位于某些海港、河港或边境城市。区内过境货物简化海关手续,免征关税或只征收小额过境费用,也允许过境货物进行短期储存、重新包装,但不得加工。

> **网络链接**
>
> 了解更多有关珠澳跨境工业区相关资料可链接
> http://www.zhftz.gov.cn/yqgk/yqgk/201010/t20101018_163444.html

3.4.2 促进进口的措施

近年来,随着资源环境约束日益强化和人民生活水平不断提高,我国对外贸易需要在保持出口稳定增长的同时,更加重视进口,适当扩大进口规模。这对于统筹利用国内外两个市场、两种资源,缓解资源环境瓶颈压力,加快科技进步和创新,改善居民消费水平,减少贸易摩擦,都具有重要的战略意义。要坚持进口与出口协调发展的原则,优化进口结构,稳定和引导大宗商品进口,积极扩大先进技术设备、关键零部件和能源原材料进口,适度扩大消费品进口。

1. 积极培育发展各类进口主体

推动出口型企业向进出口并重转型,培育壮大进口龙头企业,增强其对国内其他地区的辐射力。支持外商投资企业扩大进口,扶持国有、民营等内资企业提升进口能力和份额,鼓励中小企业进口。建立重点进口企业联系制度,支持企业做大做强,提高企业的议价能力。

> **网络链接**
>
> 了解更多有关我国出口加工区与保税区设置情况可链接
> http://www.cfea.org.cn/default.asp

2. 调整部分商品进口关税

以暂定税率的方式,降低部分能源原材料进口关税,降低部分与人民群众生活密切相关的生活用品的进口关税，降低初级能源原材料及战略性新兴产业所需国内不能生产或性能不能满足需要的关键零部件的进口关税。继续落实对来自最不发达国家部分商品进口零关税待遇，加快降税进程，进一步扩大零关税商品范围。结合自由贸易区降税安排，引导企业扩大从自由贸易区成员方的进口。

3. 扩大先进技术和设备进口

重点进口战略性新兴产业、传统产业技术改造、节能减排和低碳经济、高新技术和高附加值产业急需的先进技术、关键设备和稀缺资源性产品。积极引进一批有利于促进技术进步和产业升级、抢占技术发展制高点的重大工业项目。引导企业用好技术改造的优惠政策，引进先进适用技术和设备用于企业技术改造和扩大再生产。

4. 扩大重要物资和消费品进口

着眼缓解能源、原材料瓶颈约束，稳定和引导大宗商品进口。建立重要进口物资储备制度，编制重要物资储备规划，布局建设重点储备项目及工程。根据群众消费升级的需求，支持和引导企业扩大进口消费品。

5. 完善进口信贷业务支持

发挥促进进口专项资金的引导作用，以贴息、资助等方式，鼓励金融机构进一步优化、创新进口信贷产品和服务。支持政策性银行安排信贷资金扶持进口先进技术设备和大宗紧缺商品，并提供合理利率。支持商业银行开展进口信贷业务，加大对企业进口鼓励类技术和产品的资金支持力度。

6. 完善管理措施，提高贸易便利化水平

清理进口环节的不合理限制与措施，降低进口环节交易成本。支持企业通过海关特殊监管区域和保税监管场所扩大相关商品进口。完善进口商品质量安全风险预警与快速反应监管体系，继续推进"大通关"建设，加快电子口岸建设。

7. 促进进口市场多元化

配合实施出口市场多元化战略，优化进口国家和地区结构。拓展从发达国家进口技术和商品范围，注重从新兴市场国家和发展中国家进口。根据CEPA、ECFA等合作协议安排，扩大从港澳台地区进口。鼓励企业充分利用我国与相关国家签订的自贸区关税减让协定，推动进口市场的多元化发展。

8. 积极搭建进口贸易会展平台

充分依托中国进出口商品交易会进口展区做好进口工作。积极开拓中国国际中小企业博览会、广东外商投资企业产品（内销）博览会等知名展会的进口功能。支持境外出口商在我国举办商品展览会和其他类型的产品推介商贸活动，探索与国外知名展览机构合作举办世界性的进口展会。定期组织我国企业赴境外开展有针对性的商品采购活动。

9. 发挥行业中介作用

充分发挥贸易促进机构在扩大进口中的作用。鼓励进出口商会、行业协会等中介组织加强行业指导和自律，根据需要开展进口咨询和培训等服务。推动我国行业商协会与境外商协会交流合作，搭建商务信息交流和服务平台。

> **网络链接**
>
> 了解更多有关《广东省人民政府关于促进进口的若干意见》可链接
> http://baike.baidu.com/view/7462838.htm

3.4.3 出口管制措施

1. 出口管制的定义

出口管制（export control）是指国家通过法令和行政措施对本国出口贸易所实行的管理与控制。许多国家，特别是发达国家，为了达到一定的政治、军事和经济的目的，往往对某些商品尤其是战略物资与技术产品实行管制、限制或禁止出口。

2. 出口管制的主要商品

需要实行出口管制的商品一般有以下几类：

（1）战略物资和先进技术资料，如军事设备、武器、军舰、飞机、先进的电子计算机和通讯设备、先进的机器设备及其技术资料等。对这类商品实行出口管制，主要是从"国家安全"和"军事防务"的需要出发，以及从保持科技领先地位和经济优势的需要考虑。

（2）国内生产和生活紧缺的物资。其目的是保证国内生产和生活需要，抑制国内该商品价格上涨，稳定国内市场，如西方各国往往对石油、煤炭等能源商品实行出口管制。

（3）需要"自动"限制出口的商品。这是为了缓和与进口国的贸易摩擦，在进口国的要求下或迫于对方的压力，不得不对某些具有很强国际竞争力的商品实行出口管制。

（4）历史文物和艺术珍品。这是出于保护本国文化艺术遗产和弘扬民族精神的需要而采取的出口管制措施。

（5）本国在国际市场上占主导地位的重要商品和出口额大的商品。对于一些出口商品单一、出口市场集中，且该商品的市场价格容易出现波动的发展中国家来讲，对这类商品的出口管制，目的是为了稳定国际市场价格，保证正常的经济收入。比如，欧佩克（OPEC）对成员国的石油产量和出口量进行控制，以稳定石油价格。

3. 出口管制的形式

（1）单边出口管制

即一国根据本国的出口管制法案设立专门的执行机构，对本国某些商品出口进行审批和颁发出口许可证，实行出口管制。

小资料

美国解除对古巴长达半个多世纪的制裁

1959年古巴革命胜利后，美国政府对古巴一直采取敌视态度。1961年美国雇佣军入侵古巴被粉碎后，美国和古巴断绝了外交关系。从此，美国政府开始对古巴实行经济、金融封锁和贸易禁运。

2009年3月10日，美国参议院通过关于部分解除美国对古巴制裁的议案，修正了极具争议的对古巴禁运法，放松对美籍古巴人和持有绿卡的古巴人回国探亲的限制，同时放松美国向古巴出口食品和药品的限制。

2014年12月16日，美国总统奥巴马与古巴国务委员会主席兼部长会议主席劳尔·卡斯特罗最终达成了协议，"冰封"半个世纪的两国关系迎来破冰时刻，两国元首随后分别发表讲话，宣布将就恢复两国外交关系展开磋商。

（2）多边出口管制

即几个国家政府通过一定的方式建立国际性的多边出口管制机构，编制多边出口管制货单，划分出口管制的国别，规定出口管制办法，对某些国家实行多边出口管制。

4. 出口管制的主要手段

出口管制的主要手段是许可证件，即国家以签发许可证件的方式对管制的商品实行的行政许可管理措施。

网络链接

了解更多有关国际贸易中出口管制的相关资料可链接
http://wiki.mbalib.com/wiki/

3.5 本章小结及学习路径

3.5.1 本章小结

国际贸易政策是世界范围内各国对外贸易政策的总和,是世界经济活动中国家与国家之间经济贸易关系的基本原则的体现。自对外贸易政策产生以来,自由贸易政策和保护贸易政策两种类型的政策在不断演变,伴随着相关政策措施的出现,对国际贸易产生重要的影响。

本章主要分为以下四部分:

(1) 国际贸易政策的含义,对外贸易政策的类型、制定和执行,对外贸易政策的演变过程。

(2) 关税的概念、特点及分类。关税依照不同的标准可以划分为不同的分类,关税种类主要包括保护关税、财政关税、进口附加税、反倾销税、反补贴税、普遍优惠制、特惠税、从价税、从量税等。

(3) 非关税措施的概念、特点、种类。主要包括进口配额、自动出口配额、进口许可证、外汇管制、进口押金制、海关估价、技术性贸易壁垒等非关税措施。与关税比较起来,非关税措施更直接、更明显、使用更隐蔽。

(4) 各个不同国家一方面使用各种关税及非关税措施限制进口,保护本国产业和市场;另一方面使用各种促进出口的措施,包括出口信贷、出口信贷国家担保、出口退税、外汇倾销等,同时还通过经济特区促进本国出口。

3.5.2 学习路径

一、对外贸易政策
- 自由贸易政策
  - 绝对成本学说(亚当·斯密)
  - 比较成本学说(大卫·李嘉图)
  - 要素禀赋理论(赫克歇尔和俄林)
- 保护贸易政策——保护幼稚工业理论(李斯特)
- 超保护贸易政策——对外贸易乘数理论(凯恩斯)

- 二、对外贸易政策的演变（第二次世界大战后）
  - 贸易自由化
    - 关税大幅度下降
    - 非关税限制措施放松
  - 新贸易保护主义
    - 受限制商品转向高级工业品和服务
    - 贸易保护措施更加隐蔽和多样性
  - 协调管理贸易政策——有组织的自由贸易

- 三、关税主要种类
  - 按征税目的分
    - 财政关税
    - 保护关税
  - 按征税对象或商品流向分
    - 出口税
    - 进口税
    - 过境税
  - 按差别待遇分
    - 普通关税
    - 最惠国税
    - 普惠制税
    - 特惠税
  - 按征税特殊目的分
    - 反倾销税
    - 反补贴税
    - 差价税

- 四、关税的征收
  - 征税依据
    - 按关税栏目分
      - 单式税则
      - 复式税则
    - 按税则制定权分
      - 自主关税
      - 协定关税
    - 按税款征收的对象分
      - 进口税则
      - 出口税则
  - 征税标准
    - 从量税
    - 从价税
    - 选择税
    - 混合税
  - 通关程序
    - 申报
    - 查验
    - 征税
    - 放行

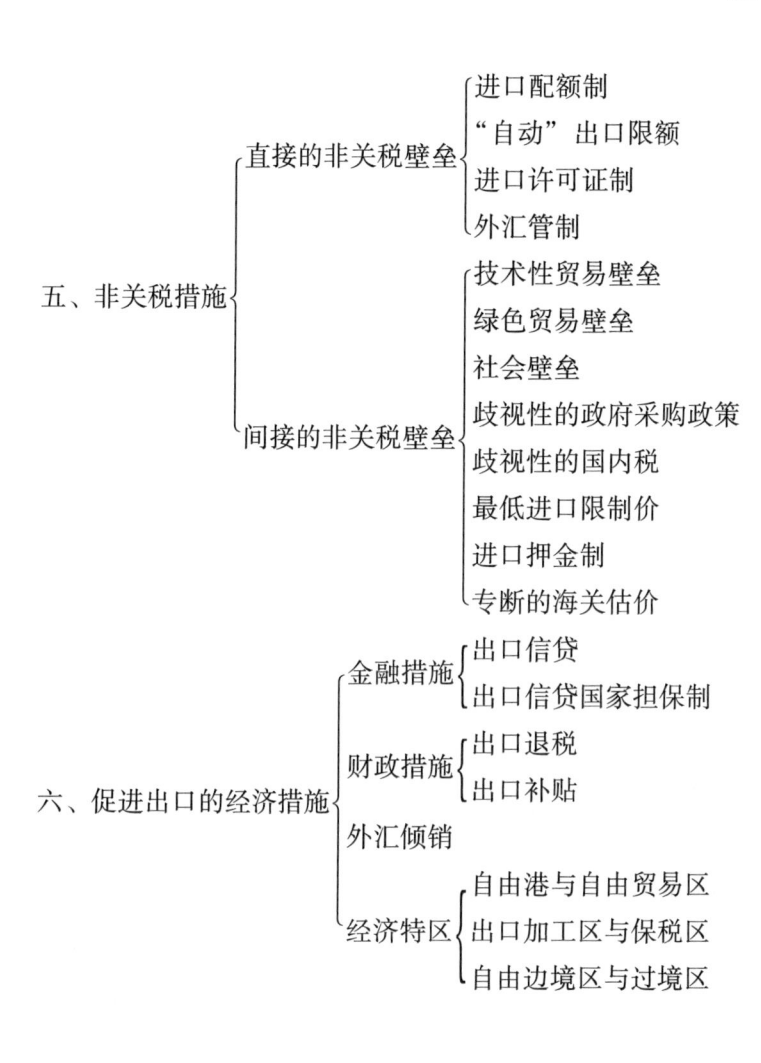

五、非关税措施
- 直接的非关税壁垒
  - 进口配额制
  - "自动"出口限额
  - 进口许可证制
  - 外汇管制
- 间接的非关税壁垒
  - 技术性贸易壁垒
  - 绿色贸易壁垒
  - 社会壁垒
  - 歧视性的政府采购政策
  - 歧视性的国内税
  - 最低进口限制价
  - 进口押金制
  - 专断的海关估价

六、促进出口的经济措施
- 金融措施
  - 出口信贷
  - 出口信贷国家担保制
- 财政措施
  - 出口退税
  - 出口补贴
- 外汇倾销
- 经济特区
  - 自由港与自由贸易区
  - 出口加工区与保税区
  - 自由边境区与过境区

3.6 课后综合训练

自测题

一、概念题

1. 自由贸易政策和保护贸易政策

2. 出口税和进口税

3. 普通关税、最惠国税和普惠制税

4. 反倾销税和反补贴税

5. 关税壁垒和非关税壁垒

6. 绝对配额和关税配额

7. 商品倾销和外汇倾销

8. 自由贸易区和出口加工区

二、填空题
1. 国际贸易政策是世界范围内各国对外贸易政策的_____。
2. 从国际贸易发展的角度看，对外贸易政策可分为_____政策、_____政策和_____政策。
3. _____是英国古典政治经济学的主要奠基人之一，倡导自由贸易的先驱者。
4. 保护贸易理论的代表人物是德国的_____和英国的_____。
5. 按照征收对象或商品流向分类，关税可分为_____、_____、_____。
6. 进口税通常分为最惠国税和_____。
7. 出口补贴主要有两种方式，一种是_____，另一种是_____。
8. 征收关税的目的有两个，一是_____，二是_____。
9. 海关税则的内容一般包括两个部分，一部分是_____，另一部分是_____。
10. 洛美协定是_____与非、加、太发展中国家间所签订的一个经济和贸易协定。

11. 按照征税的方法分类，关税可以分为_____、_____、_____、_____。

12. 倾销是指一国商品以_____的价格进行销售的行为。征收反倾销税的目的是为了_____，保护本国市场与产业。

13. 普惠制的主要原则是_____，_____，_____。

14. 进出口货物的通关一般分为四个环节：_____、_____、_____、_____。

15. 非关税措施是指一国或地区采取的除关税以外的_____的政策措施。

16. 外汇管制是指一国政府通过法令对外汇的_____、_____、_____和使用所采取的限制性措施。

17. 各国以维护_____、保护_____、保证_____为理由而制订的种种复杂苛刻的技术标准、法规和评定程序等。

18. 经济特区的主要类型包括：_____、_____、_____、_____等。

19. 出口信贷业务包括出口_____、_____两种。

20. 出口管制的形式包括_____和_____两种。

三、判断改错题（判断对错，错误的请在横线处加以改正）

1. 自由贸易政策是对货物的进出口进行限制。（   ）
改正：_____

2. 亚当·斯密是国际贸易理论的创始者。（   ）
改正：_____

3. 大卫·李嘉图的绝对优势理论是在亚当·斯密的相对优势理论的基础上发展起来的。（   ）
改正：_____

4. 自由贸易理论为自由贸易政策制造了舆论，成为论证自由贸易政策的有力武器。（   ）
改正：_____

5. 保护幼稚工业论是由李斯特提出的。（   ）
改正：_____

6. 超保护贸易不但保护幼稚工业，而且更多地保护国内不发达或衰落的垄断工业。（   ）
改正：_____

7. 以增加一国财政收入为主要目的而征收的财政关税，税率越高，财政收入就越多。（ ）

改正：_____

8. 最惠国关税是互惠的，普惠制关税是非互惠的。（ ）

改正：_____

9. 制定和实施非关税措施限制进口比关税的制定更迅速更简单。（ ）

改正：_____

10. 2014年，某国分配给我国皮手套出口到该国的配额为5万双，超过这一数额不准进口。这种配额称为国别配额。（ ）

改正：_____

11. 歧视性政府采购是一种直接限制进口商品数量的非关税措施。（ ）

改正：_____

12. 进口押金制又称进口存款制度，规定进口商必须按进口金额的一定比例，在规定时间内向指定银行存入一笔有息存款，然后才能进口。（ ）

改正：_____

13. 非关税措施比关税措施更灵活更直接，因此，一国如果要限制进口，采用非关税措施就可以，不需要再采取关税措施。（ ）

改正：_____

14. 一般来说，关税措施只能间接起到限制进口的作用，而非关税措施可以起到直接限制进口的作用。（ ）

改正：_____

15. 超过关税配额的商品依然能够进口，但进口国对超过配额部分的进口商品要征收高额进口附加税或罚款。（ ）

改正：_____

16. 海关估价是一种非关税措施。（ ）

改正：_____

17. "自动"出口配额制也称为"自动"限制出口，它是出口国为了实行出口管制政策而自动采取的一种限制出口措施。（ ）

改正：_____

18. 出口方银行直接向进口商或进口商银行提供信贷支持称为出口卖方信贷。（ ）

改正：_____

19. 出口信贷国家担保的业务项目主要有两类：一是运输风险，二是经济风险。（ ）

改正：_____

20. 出口退税是指国家对出口商品已征收的关税部分或全部退还给出口商的一种措施。（   ）

改正：_____

四、单选题

1. 提出比较优势理论的古典经济学家是_____。

   A. 大卫·李嘉图　　B. 俄林　　　　C. 亚当·斯密　　D. 赫克歇尔

2. 超保护贸易政策的主要代表人物是_____。

   A. 约翰·凯恩斯　　B. 亚当·斯密　　C. 迈克尔·波特　　D. 李斯特

3. 下列税种中税率最低的是_____。

   A. 普通税　　　　B. 特惠税　　　　C. 最惠国税　　　D. 普惠制税

4. 以下哪一项不属于非关税措施的特点？_____

   A. 间接限制进口　　B. 直接限制进口　　C. 灵活性更大　　D. 隐蔽性更强

5. 某国对大豆的进口规定：从美国进口的大豆超过10万吨后，禁止进口。这种大豆配额属于_____。

   A. 绝对配额的全球配额　　　　　　B. 绝对配额的国别配额

   C. 全球性关税配额　　　　　　　　D. 国别关税配额

6. 非关税壁垒的发展趋势不包括_____。

   A. 非关税壁垒的项目更加繁杂

   B. 非关税壁垒措施适用商品的范围扩大

   C. 技术性贸易壁垒的作用加强、使用频率增多

   D. 逐渐完全取代关税的作用

7. 以下哪种税不属于进口附加税？_____

   A. 反补贴税　　　　B. 反倾销税　　　C. 差价税　　　　D. 特惠税

8. 以下哪一项不属于关税的作用？_____

   A. 维护国家主权和经济利益　　　　B. 保护和促进本国生产的发展

   C. 降低本国商品价格　　　　　　　D. 筹集国家财政收入

9. 通关手续不包括以下哪一项？_____

   A. 申报　　　　　　B. 交接　　　　　C. 查验　　　　　D. 放行

10. 出口许可证制度属于一种_____。

    A. 关税壁垒措施　　　　　　　　　B. 鼓励出口措施

    C 出口管制措施　　　　　　　　　D. 非关税壁垒措施

11. 一国对商品的进口数量或金额规定最高限额，达到限额后便不准进口，这种方

式是_____。

　　A. "自动"出口配额　　　　　　　B. 进口许可证制

　　C. 关税配额　　　　　　　　　　D. 绝对配额

12. 绝对配额与关税配额的区别主要体现在_____。

　　A. 对进口数量的控制上　　　　　B. 对关税的征收上

　　C. 对进口商品价格的控制上　　　D. 对附加税和罚款的处理上

13. 美国对茶叶农药残留量规定不超过百万分之零点二，这种规定为_____。

　　A. 质量认证　　　　　　　　　　B. 商品包装规定

　　C. 标签规定　　　　　　　　　　D. 卫生检疫标准

14. 作为一种限制进口的措施，各种国内税的特点是_____。

　　A. 高于关税　　　　　　　　　　B. 比关税更灵活、更隐蔽

　　C. 低于关税　　　　　　　　　　D. 可重复征收

15. 商品倾销是一种_____。

　　A. 关税壁垒　　　　　　　　　　B. 促进出口措施

　　C. 限制进口措施　　　　　　　　D. 管制出口措施

16. 本国货币对外贬值可达到_____目的。

　　A. 扩大出口　　B. 限制出口　　C. 扩大进口　　D. 限制进出口

17. 经济特区一般设置在一个国家或地区的_____。

　　A. 边境以外　　B. 国境以外　　C. 关境以内　　D. 关境以外

18. 约束性的贷款是指_____。

　　A. 卖方信贷　　B. 买方信贷　　C. 短期信贷　　D. 进口信贷

19. 出口加工区与自由贸易区有所不同，出口加工区_____。

　　A. 以发展出口加工工业、取得工业方面的收益为主

　　B. 以发展转口贸易、取得商业收益为主

　　C. 由海关设置或批准注册

　　D. 不享受关税优惠

20. 用本国货币对外贬值的办法去向国外倾销商品的措施叫_____。

　　A. 外汇倾销　　B. 商品倾销　　C. 长期性倾销　　D. 隐蔽性倾销

小组活动（一）

【背景资料】

自2006年1月1日起，欧盟开始实施新的普惠制。新普惠制分为一般普惠制、针对最不发达国家的特殊普惠制和旨在帮助竞争力微弱国家的附加普惠制。在新的普惠

制下，大约7200种商品将可以享受优惠税率。新普惠制还对所谓的"毕业条款"做出更为明确的规定。根据这一条款，普惠制受益国的任何一种产品如果在欧盟市场的份额超过15%，就将失去普惠制待遇。但纺织品和服装的"毕业门槛"则为12.5%。

此外，依照欧盟内部条例，连续三年被世界银行评定为高收入或中高收入的国家将不再享受欧盟普惠制待遇。根据上述标准，2015年1月1日起，我国出口至欧盟的产品不再享受欧盟普惠制待遇。

欧盟于1971年建立普惠制，允许广大发展中国家的产品以低于正常关税的税率进入欧洲市场。据欧盟方面统计，欧盟普惠制的受益国和地区多达178个，近年来享受普惠制的进口商品每年超过500亿欧元，约占欧盟进口总额的40%。

【活动要求】

请根据上述背景资料，结合所学内容，以小组为单位，讨论并回答以下问题：

1. 普惠制对发展中国家出口贸易有何帮助作用？

2. 何谓"毕业条款"？欧盟出于何种原因，使中国的受惠产品不断"毕业"？

3. 欧盟取消对中国出口普惠制待遇对中国出口企业有何影响？中国出口企业应如何应对？

小组活动（二）

【背景资料】

澳大利亚从1979年起对来自中国的呢绒规定年度配额是全毛精纺200万平方米，混纺呢绒150万平方米，超过上述配额就要征收高关税。

20世纪60年代中期，美国迫使香港地区实行纺织品"自愿"出口限额，因为当时新加坡向美国出口纺织品还不受配额限制，造成香港纺织品企业纷纷去新加坡投资设厂。

1993年美国法规要求政府购买美国货，除非货物不用于美国、美国没有足够的质量满意的货物，或者国货不符合公众利益或产生不合理的成本。

【活动要求】以小组为单位，讨论并判断下列措施属于哪种非关税壁垒措施，并说出其是如何达到限制进口的目的。

1. 非关税壁垒名称_____
   特点：_____
2. 非关税壁垒名称_____
   特点：_____
3. 非关税壁垒名称_____
   特点：_____

小组活动（三）

【背景资料】

20世纪80年代中期，当日本制造的数百元一只的高级防风打火机作为奢侈品进入中国市场之际，温州人看到了巨大的商机。仅用了十余年的时间，温州打火机就以价廉物美、品种繁多的优势彻底打破了日本、韩国、欧洲一些国家垄断世界打火机市场的局面。目前，温州拥有打火机生产企业（户）约500余家，约有80%的产量出口。然而，欧盟成员国及机构通过CR法案，中国的打火机行业很可能遭受灭顶之灾。因为该法案规定：进口价在2欧元以下的打火机必须设有防止儿童开启装置即带安全锁。而严峻的事实是：温州打火机的外贸出厂价基本上是1欧元左右。

【活动要求】以小组为单位，讨论并判断下列措施属于哪种非关税壁垒措施，并说出其是如何达到限制进口的目的。

（1）温州打火机行业在短短十余年的时间打破日本、韩国、欧洲一些国家的垄断靠的是什么办法？

（2）欧盟成员国及机构 CR 法案关于进口价在 2 欧元以下的打火机必须设有防止儿童开启装置即带安全锁的规定是否属于正常的技术标准？请简述理由。

小组活动（四）

【背景资料】

据《第一财经日报》报道，2005 年 3 月 4 日，中国进出口银行和奇瑞汽车有限公司将在北京签署《出口信贷支持国际经营合作协议》，协议金额 50 亿元人民币，主要用于支持奇瑞公司在未来 3 年内的机电产品、成套设备、高新技术产品出口以及境外投资、对外承包工程等"走出去"项目。据介绍，截至目前，奇瑞已与 25 个国家签署了整车或 CKD 出口合同，产品涉及风云、旗云、QQ、东方之子以及即将投产的 SUV（城市休闲车）和 NEWCROSSOVE（多功能商务车）等车型。

【活动要求】

请根据上述背景资料，结合所学知识，分组讨论、分析及解答以下问题：

1. 中国进出口银行是一家什么样的银行？它与一般的商业银行的业务有何不同？

2. 中国进出口银行对奇瑞提供的 50 亿人民币属于哪一种出口信贷？它与一般的信贷有何区别？

3. 中国进出口银行和奇瑞汽车有限公司的合作协议对奇瑞的出口发展将起到什么促进作用？

第 4 章

国际贸易组织

知识目标

1. 了解国际贸易组织和区域性贸易组织的类型。
2. 了解世界贸易组织的成立、宗旨和目标。
3. 了解世界贸易组织的基本原则。
4. 了解我国与世界贸易组织的关系。

重点难点

1. 世界贸易组织的基本原则。
2. 我国加入世界贸易组织的权利和义务。
3. 我国入世以后的履约进程。

本章导读

英国政治家兼作家本杰明·迪斯雷利曾经说过一句很著名的话——"没有永恒的敌人，也没有永恒的朋友，只有永恒的利益。"这句话用于形容国际贸易中的伙伴关系，也同样适用。第二次世界大战后，在经济全球化过程中，各国经济的相互依赖性空前加强。同时，国际贸易中无休止的关税战、货币战和商品战使各国深受其害。如何建立一种权威性国际组织来缓解冲突、维护和协调彼此之间的贸易利益和经济关系，成为贸易各国的共同需求。于是，国际贸易组织应运而生。这些组织大致可分为世界性经济贸易组织和区域性贸易组织。这些组织在促进各成员国之间的经贸合作、解决成员国之间的贸易争端、促进国际经济贸易的发展等方面发挥着重要的作用。

随着中韩自贸区、中澳自贸区的建立，亚太自贸区的启动，及中国"一带一路"（丝绸之路经济带、21世纪海上丝绸之路）及湾区经济战略的实施，尤其是2014年10月24日由中国主导的亚洲基础设施投资银行的正式成立，全球经济一体化速度越来越快。现在，全球贸易体系正经历自1994年乌拉圭回合谈判以来最大的一轮重构。中国作为经济全球化的积极参与者和坚定支持者，同时也是重要建设者和主要受益者。

通过本章学习，你将了解和掌握以下知识：

(1) 国际贸易组织类型；

(2) 世界贸易组织概述；

(3) 中国与世界贸易组织。

4.1 国际贸易组织的类型

国际贸易是世界各国（或地区）之间按一般商业条件所进行的有形商品（实物商品）和无形商品（劳务、技术）的交换活动。国际贸易组织就是实现上述功能的国际组织的总称。

4.1.1 世界性经济贸易组织

指以世界贸易组织为代表的国际贸易组织，主要包括：世界贸易组织、国际货币基金组织、世界银行等。

1. 世界贸易组织（World Trade Organization，WTO）

简称"世贸组织"，1995年1月1日建立，是目前世界最大的多边贸易组织。截至2012年底，其成员已达159个，成员间的贸易量占世界贸易的95%以上。世贸组织与世界银行、国际货币基金组织被并称为当今世界经济的"三大支柱"。世贸组织是一个独立于联合国的永久性国际组织，具有法人地位，在调解成员争端方面具有更高的权威性。

2001年11月10日，中国被批准加入世界贸易组织。2001年12月11日，中国正式成为其第143个成员国。

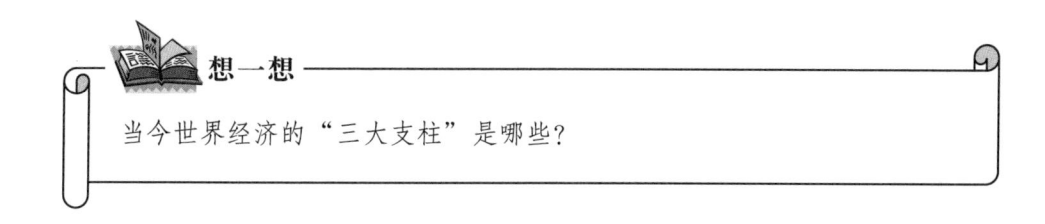

> **想一想**
>
> 当今世界经济的"三大支柱"是哪些？

2. 国际货币基金组织（International Monetary Fund，IMF）

国际货币基金组织是根据1944年7月布雷顿森林会议签订的《国际货币基金协定》，于1945年12月27日在华盛顿成立的。与世界银行同时成立，并列为世界两大金融机构之一，其职责是监察货币汇率和各国贸易情况，提供技术和资金协助，确保全球金融制度运作正常。总部设在华盛顿。

国际货币基金组织的资金来源于各成员认缴的份额。成员享有提款权，即按所缴份额的一定比例借用外汇。1969年又创设"特别提款权"的货币（记账）单位，作为国际流通手段的一个补充，以缓解某些成员的国际收入逆差。成员有义务提供经济资料，并在外汇政策和管理方面接受该组织的监督，在国际货币体系中起着枢纽和核心作用。

国际货币基金、国际清算银行（BIS）及世界银行，被称为"布雷顿森林机构"，几乎所有实行市场经济的国家，其金融政策均受这三家机构影响。

3. 世界银行（World Bank，WB）

世界银行是世界银行集团的俗称，是由国际复兴开发银行、国际开发协会、国际金融公司、多边投资担保机构和解决投资争端国际中心五个成员机构组成。成立于1944年，1946年6月开始营业。凡是参加世界银行的国家首先必须是国际货币基金组织的会员国，总部设在华盛顿，全世界设有120多个办事处。狭义的"世界银行"仅指国际复兴开发银行（IBRD）和国际开发协会（IDA）。

世界银行是一个国际组织，其使命是帮助在第二次世界大战中遭破坏国家的重建。主要任务是资助这些国家克服穷困，各机构在减轻贫困和提高生活水平的使命中发挥独特的作用。在 2012 年,世界银行为发展中国家或转型国家提供了大约 300 亿美元的贷款或帮助。

4. 联合国贸易和发展会议（United Nations Conference On Trade And Development，UNCTAD）

联合国贸易和发展会议是联合国处理有关贸易和发展问题的常设机构,简称"贸发会议"。它是由发展中国家倡议并根据第十九届联合国大会 1995 号决议于 1964 年成立的。贸发会议每四年举行一次,第一次会议于 1964 年 3 月 23 日至 6 月 16 日在日内瓦举行,同年 12 月被确定为联合国大会的常设机构,总部设在日内瓦。

首届会议的宗旨是：促进国际贸易,特别是发展中国家的贸易,加速经济的发展；制定有关国际贸易和经济发展的原则和政策；推进和开展有关国际贸易和经济发展的协作活动,商定多边贸易协定；协调各国政府和区域性经济集团的有关贸易及发展政策。

贸发会议自成立以来,为南北谈判和对话提供场所,研究和制定宏观政策,协调各国有关问题,与发展中国家开展技术合作等,在这些方面发挥了重要的作用。

> **网络链接**
>
> 了解更多有关联合国贸易和发展会议相关资料可链接
> http://baike.baidu.com/view/26873.htm

5. 77 国集团（Group of 77，G77）

77 国集团是发展中国家为改善自身在国际经济贸易中的被动地位,以及防止发展中国家国际收支逆差不断扩大而建立起来的一个国际经济组织,旨在国际经济领域内加强发展中国家间的团结和合作,推进建立新的国际经济秩序,加速发展中国家的工业化进程。

1963 年第 18 届联合国大会讨论召开贸易和发展会议时,73 个亚、非、拉国家和前南斯拉夫、新西兰共同提出一个联合宣言,形成 75 国集团。后来肯尼亚、韩国、越南加入,新西兰宣布退出。1964 年 6 月 15 日在日内瓦召开的第一届联合国贸易和发展会议上,77 个发展中国家和地区联合起来,发表了《77 国联合宣言》,并以此组成一个集团参加贸发会议的谈判,因而被称为 77 国集团。虽然后来成员国逐渐增加,但该组织名称保持不变。随着发展中国家在世界事务中的作用日益增强,77 国集团的成员已增加到一百多个,成为联合国中最大的发展中国家联盟。

6. 八国集团（Group of Eight，G8）

八国集团简称"八国峰会",始创于 1975 年的六国集团（台湾、港澳称作六大工业国组织），包括法国、美国、英国、西德、日本、意大利。它是美国、英国、法国、德国、日本、意大利、加拿大七国为研究经济形势、协调政策而召开的首脑会议。

20世纪70年代，世界主要资本主义国家的经济形势一度恶化，接连发生的"美元危机""石油危机""布雷顿 森林体系"瓦解和1973—1975年的严重经济危机把西方国家弄得焦头烂额。为共同解决世界经济和货币危机、协调经济政策、重振西方经济，1975年7月初，法国首先倡议召开由法国、美国、日本、英国、西德和意大利六国参加的最高级首脑会议，后来加拿大（1976年）、俄罗斯（1998年）先后加入。八国集团成员国的国家元首每年召开一次会议，即八国集团首脑会议（简称"八国峰会"）。

> **网络链接**
>
> 了解更多有关八国集团相关资料可链接
> http://baike.so.com/doc/868515.html

7. 石油输出国组织（Organization of the Petroleum Exporting Countries，OPEC）

石油输出国组织，简称欧佩克，是发展中国家建立最早、影响较大的一个原油生产和出口组织，成立于1960年9月14日，1962年11月6日欧佩克在联合国秘书处备案，成为正式的国际组织。其宗旨是协调和统一成员国的石油政策，维护各自的和共同的利益。现有11个成员国：沙特阿拉伯、伊拉克、伊朗、科威特、阿拉伯联合酋长国、卡塔尔、利比亚、尼日利亚、阿尔及利亚、印度尼西亚和委内瑞拉。

欧佩克的组织机构包括：欧佩克大会、理事会、秘书处。欧佩克大会为最高权力机构，成员由各成员国以石油、矿产和能源部长（大臣）为首的代表团组成。

8. 世界知识产权组织（World Intellectual Property Organization，WIPO）

世界知识产权组织是由"国际保护工业产权联盟"（巴黎联盟）和"国际保护文学艺术作品联盟"（伯尔尼联盟）于1976年7月14日在瑞典的斯德哥尔摩共同缔约建立的一个政府间国际组织。1974年12月，它成为联合国系统下的第14个专门机构，总部设在瑞士日内瓦。中国于1980年6月3日加入该组织，成为它的第90个成员国。

该组织主要职能是负责通过国家间的合作促进对全世界知识产权的保护，管理建立在多边条约基础上的关于专利、商标和版权方面的23个联盟的行政工作，并办理知识产权法律与行政事宜。该组织的很大一部分财力用于同发展中国家进行开发合作，促进发达国家向发展中国家转让技术，推动发展中国家的发明创造和文艺创作活动，以利于其科技文化和经济的发展。

> **网络链接**
>
> 了解更多有关世界知识产权组织相关资料可链接
> http://baike.baidu.com/view/2187.htm

9. 20国集团（Group of 20，G20）

20国集团是1999年9月25日由八国集团的财长在华盛顿提出的，目的是防止类似亚洲金融风暴的重演，让有关国家就国际经济、货币政策举行非正式对话，以利于国际金融和货币体系的稳定。20国集团从2008年起召开领导人峰会。随着20国集团的架构日渐成熟，并且为了反映新兴工业国家的重要性，20国集团成员国的领导人于2009年宣布该组织将取代八国集团成为全球经济合作的主要论坛。按照以往惯例，国际货币基金组织与世界银行列席该组织的会议。2012年6月，在墨西哥举行的G20峰会上，中国宣布支持并决定参与国际货币基金组织增资，数额为430亿美元。

2014年11月15日，习近平主席在G20峰会上宣布，中国将是2016年G20峰会主办国。

> **网络链接**
>
> 了解更多有关20国集团相关资料可链接
> http://baike.so.com/doc/5450986.html

4.1.2 区域性贸易组织

国际贸易中的区域贸易组织大部分是在20世纪90年代以后形成的，其中有100多个在国际经济贸易领域中有比较大的影响力。最有影响的区域贸易组织主要有：

1. 欧洲联盟（European Union，EU）

欧洲联盟，简称欧盟，总部设在比利时首都布鲁塞尔，是由欧洲共同体（European Community，又称欧洲共同市场）发展而来的，主要经历了三个阶段：1991年12月，欧洲共同体马斯特里赫特首脑会议通过《欧洲联盟条约》，通称《马斯特里赫特条约》，简称《马约》。1993年11月1日，《马约》正式生效，欧盟正式诞生，其宗旨是"通过建立无内部边界的空间，加强经济、社会的协调发展，建立最终实行统一货币的经济货币联盟，促进成员国经济和社会的均衡发展。"

欧盟现有27个成员国，它们是：英国、法国、德国、意大利、荷兰、比利时、卢森堡、丹麦、爱尔兰、希腊、葡萄牙、西班牙、奥地利、瑞典、芬兰、马耳他、塞浦路斯、波兰、匈牙利、捷克、斯洛伐克、斯洛文尼亚、爱沙尼亚、拉脱维亚、立陶宛、罗马尼亚、保加利亚。

小资料

欧元之父

罗伯特·蒙代尔（Robert Alexander Mundell，1932年12月24日—），又译为罗伯特·门德尔，美国麻省理工学院（MIT）经济学博士，现为美国哥伦比亚大学教授、中国人民大学名誉博士和名誉教授，联合国、世界银行、国际货币基金组织及美联储顾问。他是最优货币区理论的首创者，国际著名的经济学家，1999年诺贝尔经济学奖得主，被誉为"欧元之父"。

1999年1月1日欧元启动，参加欧元的12个国家被称为欧元区。2002年1月1日正式发行欧元，2002年7月1日，欧元成为参加欧元区的唯一流通货币，各国货币不再兑换。目前，欧元区共有17个成员国，分别是爱尔兰、奥地利、比利时、德国、法国、芬兰、荷兰、卢森堡、葡萄牙、西班牙、希腊、意大利、斯洛文尼亚、塞浦路斯、马耳他、斯洛伐克、爱沙尼亚。欧盟成员依据本国意愿和一定的条件参加欧元区。欧元的启动和流动对国际货币体系产生了深远的影响。

网络链接

了解更多有关欧盟相关资料可链接
http://baike.baidu.com/view/19788.htm

2. 亚太经济合作组织（Asia-Pacific Economic Cooperation，APEC）

亚太经济合作组织成立于1989年，其宗旨是通过贸易投资自由化和经济技术合作促进亚太地区的经济发展和共同繁荣。成立之初，亚太经济合作组织只是亚太地区的经济合作官方论坛，1993年6月改名为亚太经济合作组织。APEC现有21个成员，即澳大利亚、文莱、加拿大、智利、中国、中国香港、印度尼西亚、日本、韩国、马来西亚、墨西哥、新西兰、巴布亚新几内亚、秘鲁、菲律宾、俄罗斯、新加坡、中国台北、泰国、美国和越南。此外，东南亚国家联盟（ASEAN）、太平洋经济合作理事会

（PECC）和南太平洋论坛（5PF）是 APEC 的观察员。APEC 是亚太地区第一个官方的非正式协调机构。

> **网络链接**
>
> 了解更多亚太经济合作组织相关资料可链接
> http://news.xinhuanet.com/ziliao/

1991 年，中国及其台湾和香港地区同时加入 APEC。根据加入时签订的《备忘录》规定，台湾以"中国台北"的名义参加 APEC，只能派负责经济事务的部长参加领导人会议，不能主办高官会以上级别的会议。为避免出现争议，APEC 会议不挂国旗。

2001 年 10 月 20 日至 21 日，亚太经合组织（APEC）第九次领导人非正式会议在中国上海举行，APEC 的 21 个成员的领导人齐聚上海，共商亚太经济合作大计，并就亚太地区面临的宏观经济形势、加强能力建设、APEC 未来发展方向，以及其他共同关心的问题深入交换意见。

2014 年 11 月 5 日，亚太经合组织（APEC）领导人会议在北京开幕，会议包含领导人非正式会议、部长级会议、高官会等系列会议。此次峰会的主题是：共建面向未来的亚太伙伴关系。中国国家主席习近平主持峰会。作为东道主，中国在会议期间就如何推动建立亚太伙伴关系、激活亚太地区自贸区、促进经济创新、改革与增长、开展首脑外交和主场外交等方面的表现引起世界的关注。

3. 北美自由贸易区（North American Free Trade Agreement，NAFTA）

北美自由贸易区是在北美自由贸易协定的基础上建立的，由美国、加拿大和墨西哥三个国家组成。1992 年 8 月 12 日，美国、加拿大和墨西哥就《北美自由贸易协定》达成一致意见，并于同年 12 月 17 日由三个国家领导人分别在各自国家正式签署。1994 年 1 月 1 日，协定正式生效，北美自由贸易区宣布成立。协定的宗旨是：取消贸易壁垒；创造公平的条件，增加投资机会；保护知识产权；建立执行协定和解决贸易争端的有效机制，促进三边和多边合作。协定决定自生效之日起 15 年内逐步消除贸易壁垒、实施商品和劳务的自由流通，以形成一个拥有 3.6 亿消费者、每年国民生产总值超过 6 万亿美元的世界最大的自由贸易集团。

北美自由贸易区是世界上第一个由发达国家和发展中国家联合组成的贸易集团，有关协议国对实现区域内自由贸易采取了以合作协议逐步推进的方式，成员国之间经济上既有较大互补性和相互依存性，又有明显的不对称性。北美自由贸易区的建立，将对北美、拉美，以致对冷战结束后新的世界经济格局的形成，都将产生重大而深远的影响。

4. 中国—东盟自由贸易区（China-ASEAN Free Trade Area，CAFTA）

中国—东盟自由贸易区是中国与东盟 10 国（文莱、印度尼西亚、马来西亚、菲律宾、新加坡、泰国、柬埔寨、老挝、缅甸和越南）组建的自由贸易区，即"10＋1"，于 2010 年 1 月 1 日正式建成。

中国—东盟自贸区是中国对外商谈的第一个自贸区，也是东盟作为整体对外商谈的第一个自贸区，建成后的自贸区将覆盖 1300 万平方公里，惠及 19 亿人口，年 GDP 达 6 万亿美元、年贸易总额超过 4.5 万亿美元，是目前世界人口最多的自贸区，也是世界上发展中国家间建立的最大的自贸区。

建立中国—东盟自由贸易区，对中国与东盟都有着积极的意义。一方面有利于巩固和加强中国与东盟之间的友好合作关系，有利于中国与发展中国家、周边国家的团结合作，也有利于东盟在国际事务上提高地位、发挥作用；另一方面，有利于进一步促进中国和东盟各自的经济发展，扩大双方贸易和投资规模，促进区域内各国之间的物流、资金流和信息流，促进区域市场的发展，创造更多的财富，提高本地区的整体竞争能力，为区域内各国人民谋求福利。与此同时，中国—东盟自贸区的建立，有利于推动东盟经济一体化，对世界经济增长也有积极作用。

网络链接

了解更多中国—东盟自由贸易区情况可链接
http://baike.baidu.com/view/824741.htm#1

5. 亚洲基础设施投资银行（Asian Infrastructure Investment Bank，AIIB）

亚洲基础设施投资银行简称亚投行，是在中国主导下正式成立的一个政府间性质的亚洲区域多边开发机构，是世行、亚洲开发银行的补充，是有利于亚洲各国及投资国利益的跨国区域金融机构，重点支持基础设施建设，亚投行总部设在北京，法定资本 1000 亿美元。

2013 年 10 月 2 日下午，中国国家主席习近平在雅加达同印度尼西亚总统苏西洛举行会谈时表示，为促进本地区互联互通建设和经济一体化进程，中方倡议筹建亚洲基础设施投资银行，愿向包括东盟国家在内的本地区发展中国家基础设施建设提供资金支持。

2014 年 10 月 24 日，包括中国、印度、新加坡等在内 21 个首批意向创始成员国的财长和授权代表在北京签约，共同决定成立亚洲基础设施投资银行。

2015 年 3 月 12 日，英国成为首个申请加入亚投行的主要西方国家。

截至 2015 年 4 月 15 日，法国、德国、意大利、韩国、俄罗斯、澳大利亚、挪威、南非、波兰等国先后已同意加入亚洲基础设施投资银行，已有 57 个国家正式成为亚投行意向创始成员国，涵盖了除美国之外的主要西方国家以及除日本之外的主要东方国家。

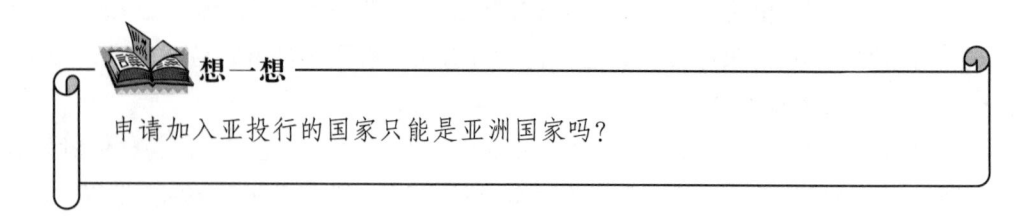

> **想一想**
>
> 申请加入亚投行的国家只能是亚洲国家吗？

4.2　世界贸易组织

世界贸易组织（World Trade Organization，WTO）是根据 1994 年 4 月 15 日在摩洛哥的马拉喀什市举行的关贸总协定乌拉圭回合部长会议决定成立更具全球性的世界贸易组织（简称"世贸组织"），以取代成立于 1947 年的关贸总协定（GATT）。1995 年 1 月 1 日正式成立，负责管理世界经济和贸易秩序，总部设在瑞士日内瓦莱蒙湖畔。

4.2.1　世界贸易组织的成立、宗旨和目标

1. 世界贸易组织的建立

1986 年"乌拉圭回合"启动时，谈判议题并不包括建立世界贸易组织问题，只设立了一个关于完善关税与贸易协定体制职能的谈判小组。但在新议题的谈判中，涉及服务贸易和与贸易有关的知识产权等非货物贸易问题，这些重大议题的谈判成果，很难在关税与贸易总协定的框架内付诸实施，创立一个正式的国际贸易组织的必要性日益凸显。因此，欧洲共同体于 1990 年初首先提出建立一个多边贸易组织的倡议，这个倡议后来得到了美国、加拿大等国的支持。

1991 年 12 月，谈判方形成了一份关于建立多边贸易组织（MTO）协定的草案。

1993 年 12 月，根据美国的动议，把"多边贸易组织"改为"世界贸易组织"。

1994 年 4 月 15 日，"乌拉圭回合"参加方在摩洛哥马拉喀什通过了《建立世界贸易组织的马拉喀什协定》。1995 年 1 月 1 日，世界贸易组织正式开始运作。

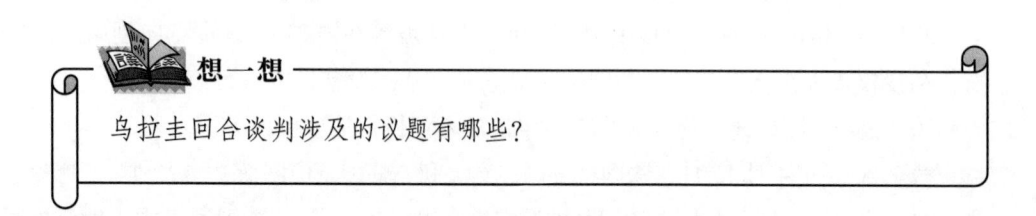

> **想一想**
>
> 乌拉圭回合谈判涉及的议题有哪些？

2. 宗旨

根据《建立世界贸易组织的马拉喀什协定》，世界贸易组织的宗旨包括：

（1）提高生活水平、保证充分就业。

（2）保证实际收入和有效需求的大幅稳定增长。

（3）扩大货物和服务的生产和贸易。

（4）可持续发展的目标，考虑对世界资源的最佳利用，寻求既保护和维护环境，又以与它们各自在不同经济发展水平的需要和关注相一致的方式，加强为此采取的措施。

（5）积极努力保证发展中国家、特别是其中的最不发达国家，在国际贸易增长中获得与其经济发展需要相当的份额。

（6）期望通过达成互惠互利安排，实质性削减关税和其他贸易壁垒，消除国际贸易关系中的歧视待遇，从而为实现这些目标做出贡献。

3. 目标

建立一个完整的更可行的持久的多边贸易体制，包含《关税与贸易总协定》、以往贸易自由化努力的结果以及乌拉圭回合多边贸易谈判的全部结果。

4.2.2 世界贸易组织的职能与组织结构

1. 世界贸易组织的职能

世界贸易组织的职能主要包括：

（1）管理世贸组织管辖的各项协议。世界贸易组织应便利世界贸易组织协定及其各附属多边贸易协定的实施、管理和运用，并促进其目标的实现，还应为诸边贸易协定提供实施、管理和运用的体制。

（2）提供多边谈判场所。世界贸易组织在根据世界贸易组织协定附件所列协定处理的事项方面，应为其成员间就多边贸易关系进行的谈判提供场所。世界贸易组织还可按部长级会议可能做出的决定，为其成员间就其多边贸易关系的进一步谈判提供场所，并提供实施此类谈判结果的体制。

（3）解决成员方国际贸易争端。世界贸易组织应按照世界贸易组织协定附件2所列《关于争端解决规则与程序的谅解》，解决成员方就国际贸易问题产生的争端。

（4）组织贸易政策审议。世界贸易组织应依据世界贸易组织协定附件3规定的《贸易政策审议机制》，组织对不同成员方的贸易政策、履约状况等的审议。

（5）加强与其他国际组织的合作。为实现全球经济决策的更大一致性，世界贸易组织应酌情与国际货币基金组织和国际复兴开发银行及其附属机构等进行合作，以更好地促进国际贸易的发展，维护国际经济秩序。

> **网络链接**
>
> 了解更多有关世界贸易组织职能相关资料可链接
> http://www.cctv.com/special/173/-1/22638.html

2. 世界贸易组织的组织结构

主要包括以下机构：

（1）部长级会议

世界贸易组织设立由所有成员的代表组成的部长级会议。部长级会议是世界贸易组织的最高权力机构和决策机构，应至少每两年召开一次会议，有权对世界贸易组织管辖的重大问题做出决定。

（2）总理事会

世界贸易组织设立由所有成员的代表组成的总理事会，在部长级会议休会期间，行使部长级会议的职权和世界贸易组织赋予的其他权利。

总理事会履行《争端解决谅解》规定的争端解决机构的职责。争端解决机构可有自己的主席，并制定其认为履行这些职责所必需的议事规则。

总理事会还要履行《贸易政策审议机制》中规定的贸易政策审议机构的职责。贸易政策审议机构可有自己的主席，并应制定其认为履行这些职责所必需的议事规则。

（3）理事会

世界贸易组织设立货物贸易理事会、服务贸易理事会和与贸易有关的知识产权理事会，各理事会应根据总理事会的总体指导运作。货物贸易理事会应监督附件1A所列多边贸易协定的实施情况。服务贸易理事会应监督《服务贸易总协定》的实施情况。与贸易有关的知识产权理事会应监督《与贸易有关的知识产权协定》的实施情况。各理事会应自行制定各自的议事规则，但需经总理事会批准。各理事会的成员资格应对所有成员的代表开放。各理事会应在必要时召开会议，以行使其职能。

（4）专门委员会

部长级会议应设立贸易与发展委员会、国际收支限制委员会和预算、财务与行政委员会，各委员会应行使本协定和多边贸易协定指定的职能，以及总理事会指定的任何附加职能。部长级会议还可设立具有其认为适当的职能的其他委员会。

（5）秘书处及总干事

世贸组织下设秘书处，秘书处由总干事负责。部长级会议任命总干事并明确规定其权力、职责、服务条件及任期，总干事任命副总干事和秘书处工作人员并按部长级会议通过的规则确定他们的职责。

其他机构：

除上述常设机构外，世贸组织还根据需要设立一些临时机构，即所谓的工作组，如加入世贸组织工作组、服务贸易理事会下的专业服务工作组、《服务贸易总协定》规则工作组等，工作组的任务是研究和报告有关专门事项。

4.2.3 世界贸易组织的主要原则

1. 最惠国待遇原则（most-favored-nation treatment）

最惠国待遇原则是指，一个成员方就任何一个产品或服务给予另一成员在贸易上的特权、优惠和豁免，必须立即和无条件地将这些优惠待遇扩展到所有其他成员。最惠国待遇要求在世界贸易组织成员间进行贸易时彼此不能实施歧视待遇。最惠国待遇原则的适用范围不仅涵盖了WTO管辖的所有领域，而且包括其有关过程。

2. 国民待遇原则（national treatment）

所谓国民待遇，指成员方保证其他成员方的公民、企业和产品在本国境内享受与本国公民、企业、产品所享受的同等的待遇。

其基本含义有三个方面：一成员领土的产品输入到另一成员国时，不能以任何直接或间接的方式对进口产品征收高于本国相同产品所征收的国内税或其他费用；一缔约国领土的产品输入到另一缔约国领土时，在关于产品的国内销售、推销、购买、运输、分配或使用的全部法令、条例和规定方面，所享受的待遇应不低于相同的本国产品所享受的待遇；任何成员不能以直接或间接方法对产品的混合、加工或使用有特定数量或比例的国内数量限制，或强调规定优先使用国内产品。诸如国产化要求、进口替代要求等均可被视为直接或间接对外国产品构成歧视，违反国民待遇原则。

3. 扩大市场准入原则（market access）

扩大市场准入原则是指WTO倡导成员在权利与义务平衡的基础上，依其自身的经济状况，逐步开放市场，实行贸易自由化。主要表现在：在货物贸易中，各成员方通过多边贸易谈判减让关税，同时不断消除非关税壁垒；在服务贸易领域，通过分阶段谈判，逐步开放本国服务市场，以促进服务及服务提供者间的竞争。

4. 互惠原则（reciprocity）

互惠原则是指成员方在互惠互利的基础上进行关税减让，相互给予特权、利益的豁免，而不仅仅是单方面的给惠。互惠原则的目的就是维持成员方之间的权利与义务的平衡，这种平衡是通过互惠互利的开放市场的承诺而获得的。

互惠原则主要表现在：在允许外国产品和服务进入本国市场的同时，以获得本国产品和服务进入其他成员市场的机会；当一国或地区申请加入世贸组织时，由于新成员可以享有所有老成员过去已达成的开放市场的优惠待遇，老成员就会要求新成员按照世贸组织现行协定、协议的规定缴纳"入门费"——开放申请方商品和服务市场及强化知识产权保护。

5. 透明度原则（transparency）

所谓透明度原则，是指成员方正式实施的有关进出口贸易的政策、法律、法规、法令、条例以及签订的有关贸易方面的条约等都必须予以正式公告，否则不得实施。

具体来说，各成员方应公布所有的贸易法规、政策和措施，这包括海关、进出口、外汇等方面的法律、规章、司法判决和行政裁决，利用外资、知识产权保护、服务贸易、特殊区域（出口加工区、自由贸易区、边贸区、经济特区）的法规和制度，以及所有能够影响贸易的双边、多边协定协议和法律法规，以使其他成员方政府和贸易经营者熟悉。

6. 公平贸易原则（fair trade）

公平贸易原则是指各成员国不应该采取不公正的贸易手段进行竞争，尤其是不能以倾销和补贴的方式销售本国的商品。

所谓倾销，是指以低于正常价值的价格向外出口本国商品；所谓补贴，是指本国政府对某一行业或地区提供价格支持或收入支持的行为。当某一缔约方以倾销方式或补贴方式出口本国的产品而给进口国国内产业造成损害时，受损害国可以征收反倾销税、反补贴税等方式来对本国产业进行保护。

7. 关税保护原则（customs duties as means of protection）

关税保护原则是指一般情况下，各成员方对本国的产业只能通过关税来加以保护，不得以设立或维持配额、进出口许可证或其他措施来限制或禁止其他缔约国产品的输入。

8. 鼓励发展和经济改革原则（reform & development）

WTO认识到，只有促进广大发展中国家的贸易发展和经济改革，才能带动整个世界贸易和经济的发展。为此，世贸组织的各项规则对发展中国家给予更多的优惠。

WTO的所有规则大都要求其成员减少和取消贸易壁垒、公平贸易、开放市场等，这些自由贸易原则都是以市场经济为基础的。因此，WTO鼓励非市场经济国家进行改革，加快国内市场化进程。

网络链接

了解更多有关世界贸易组织非歧视原则相关资料可链接
http://baike.baidu.com/view/3929.htm

4.2.4 世界贸易组织的规则体系

WTO 的各项协定、协议按领域和性质可以分为以下六类：

1. 规范货物贸易的规则

在货物贸易领域，WTO 现有 1 个总协定、12 个协议和 6 个备忘录，其中 GATT 1994 是确定货物贸易基本原则的协定，是货物贸易领域的纲领性文件。其他的协议和备忘录则是针对具体行业和具体事务制定的法律文件。

2. 规范服务贸易的规则

目前 WTO 在服务领域有 1 个总协定、8 个协议和 1 个备忘录。其中《服务贸易总协定》（GATS）确定了适用于服务贸易的自由公平贸易原则。8 个协议和 1 个备忘录则是具体服务行业方面的协议和成员就开放服务市场所做的承诺。

3. 规范知识产权问题的规则

WTO 知识产权总协定阐明了在贸易中应如何对版权、商标、用于标定产品的地理名称、工业设计、集成电路设计和未披露的信息（如商业秘密）等知识产权进行保护。

4. 争端解决规则

争端解决谅解协议规定了解决贸易争端的程序，此程序对于实施 WTO 规则，确保贸易的顺利进行非常重要。当某些成员认为它们在协议下的权益受到其他成员的损害时，可以依据争端解决机制解决矛盾与冲突。

5. 贸易政策审议规则

贸易政策审议是对 WTO 成员应尽义务的实现状况进行比较和认定。通过贸易政策审议，可以增强 WTO 成员贸易政策和措施的透明度；可以督促各成员更加严格地遵守 WTO 的规则与纪律，履行它们的义务。

6. 诸边贸易规则

WTO 还存在几个仅限于少数成员签署，只对签约方有效的"诸边贸易协议"。即《民用航空器协议》、《政府采购协议》、《国际奶制品协议》和《国际牛肉协议》。现在，其中两个已经失效，仍在生效的有两项。

4.2.5 WTO 主持的历次部长级会议

世界贸易组织自 1995 年 1 月 1 日正式成立后，规定每两年召开一次部长级会议。虽然面临重重困难，但仍在推进世界范围内的贸易自由化方面取得了一定的成果。其中，富有成效的应该是第九届部长会议。自 2001 年多哈回合谈判启动以来，经过夜以继日的激烈谈判，几经波折，2013 年 12 月 7 日早晨，各国部长终于在印尼巴厘岛召开的WTO第九届部长级会议上正式签署了近20年来达成的第一个多边贸易协议。

以下是历次世贸组织部长级会议的基本情况：

1. 新加坡部长会议

1996年12月9日至13日在新加坡召开。会议主要审议了世贸组织成立以来的工作及上一轮多边贸易谈判即"乌拉圭回合"协议的执行情况，并决定成立贸易与投资、贸易与竞争政策、政府采购透明度3个工作组，同时将贸易便利化纳入了货物理事会的职责范围。会议最后通过了《新加坡部长宣言》。

2. 日内瓦部长级会议

1998年5月18日至20日在日内瓦举行。会议主要讨论了已达成的贸易协议的执行情况、既定日程和未来谈判日程等问题以及第三次部长级会议举行的时间和地点。会议的主要目的是为第三次部长级会议启动新一轮多边贸易谈判做准备。

3. 西雅图部长级会议

1999年11月30日至12月3日在美国西雅图市召开。由于非政府组织的示威游行和干扰所产生的压力以及成员间在一系列重大问题上的意见分歧，会议未能启动拟议中的新一轮多边贸易谈判，最终以失败告终。

4. 多哈部长级会议

2001年11月9日至14日在卡塔尔首都多哈举行。会议启动了被称为"多哈发展议程"即"多哈回合"的新一轮多边贸易谈判。会议的另一个重要成果是批准中国加入世贸组织。会议最后通过了《部长宣言》等3个文件。

5. 坎昆部长级会议

2003年9月10日至14日在墨西哥坎昆举行。由于发达国家在削减农业补贴和农产品关税问题上不肯做出实质性让步，会议无果而终。此次会议仅通过了《部长会议声明》。

6. 香港部长级会议

2005年12月13日至18日在中国香港举行。与会者围绕多哈回合议题经过6天谈判发表了《部长宣言》，在取消棉花出口补贴和农产品出口补贴以及向最不发达国家开放市场问题上取得了进展，但多哈回合谈判仍未全面完成。

7. 日内瓦部长级会议

2009年11月30日在瑞士日内瓦世界贸易组织第七届部长级会议。本次部长级会议将重点审议世贸组织工作，但不会就多哈回合展开谈判。本次会议旨在为各成员提供一个回顾、审议世贸组织工作的平台，包括回顾、审议多哈回合的进展情况，但与往届部长级会议不同的是，这不是一次贸易谈判。在金融危机和不利经济形势的大背景下，这次会议的主题被定为"世界贸易组织、多边贸易体系和当前全球经济形势"。

8. 日内瓦部长级会议

2011 年 12 月 15 至 17 日在瑞士日内瓦召开第八次部长级会议。此次部长级会议分两部分进行，一是全体会议，由各成员方部长发言、成员表决通过各项决议；二是工作会议，就具体议题为部长们提供交流的机会。此次工作会议探讨的议题有三个，分别为：多边贸易体制与 WTO 的重要性、贸易与发展以及多哈发展议程。

9. 巴厘岛部长级会议

2013 年 12 月 3 日，世界贸易组织第九届部长级会议 3 日在印度尼西亚巴厘岛举行，主要就贸易便利化、农业和发展三大议题展开讨论，引领各方走上使所有成员利益最大化的道路，特别是要确保发展中国家和最不发达国家成员能够享受到全球贸易所带来的利益。

网络链接

了解更多有关世界贸易组织多哈回合多边谈判相关资料可链接
http://baike.baidu.com/view/386729.htm

4.3 中国与世界贸易组织

中国经过十多年的艰苦努力，终于在 2001 年 12 月 11 日正式成为世界贸易组织的第 143 个成员。中国从"复关"到"入世"，经历了一段艰辛而又漫长的历程。

4.3.1 中国的"复关"与"入世"

中国是 1947 年关贸总协定的 23 个创始缔约方之一。1949 年中华人民共和国成立后，在当时特殊的国际政治经济背景下，中国在关贸总协定的席位仍由中国台湾的国民党窃据。1950 年中国台湾单方面宣布退出关贸总协定。此后，中国在关贸总协定的席位一直空缺。

1986 年 7 月，在改革开放取得一定成就之后，中国开始申请恢复在关贸总协定中的缔约国地位。关贸总协定中国工作组于 1987 年 3 月成立，并于当年 10 月召开第一次会议。从 1987 年到 1995 年世界贸易组织建立，关贸总协定中国工作组一共举行过 20

次会议，但终因与关贸总协定成员国（主要是美国和欧盟）的双边谈判没有完成，致使中国未能如愿恢复在关贸总协定中的缔约国地位，当然也就错过了成为世界贸易组织的创始成员的机会。

1995年1月1日世界贸易组织正式成立以后，关贸总协定中国工作组相应地更名为世界贸易组织中国工作组。该工作组就中国加入世界贸易组织问题陆续召开了18次会议。经过艰苦的谈判，更重要的是经过20年的改革开放，中国社会主义市场经济体制的建立与不断完善，从根本上扫清了中国加入世界贸易组织的体制障碍；同时，中国经济与世界经济的融合增长日益在更广范围内和更深层次上展开，"中国离不开世界，世界更离不开中国"已经是不争的事实。在此背景下，中国在1999年11月15日和2000年3月19日分别完成了同美国和欧盟的"入世"谈判，签署了关于中国加入世贸组织的双边协议。

世界贸易组织中国工作组在2001年9月17日批准了所有法律文件。同年11月9日至13日于卡塔尔首都多哈举行的世贸组织第四次部长级会议就中国加入世界贸易组织进行的表决获得通过。11月11日，中国对外贸易经济合作部部长石广生代表中国政府在中国加入议定书上正式签字，并向世界贸易组织秘书处递交了由国家主席江泽民签署的中国加入世贸组织批准书。2001年12月11日，中国正式成为世贸组织第143个成员。

网络链接

了解更多有关中国与关贸总协定的关系相关资料可链接
http://wenwen.soso.com/z/q135455495.htm

4.3.2　中国加入世界贸易组织后的权利与义务

1. 中国享受的基本权利

（1）享受非歧视待遇

加入世界贸易组织后，中国将充分享受多边无条件的最惠国待遇和国民待遇，即非歧视待遇。现行双边贸易中受到的一些不公正待遇将会被取消或逐步取消。

（2）全面参与多边贸易体制

加入世界贸易组织后，我国将充分享受正式成员的权利，全面参与世界贸易组织各理事会和委员会的所有正式和非正式会议，维护自身的经济权益；

全面参与贸易政策审议，对美、欧、日、加等重要贸易伙伴的贸易政策进行质询和监督，敦促其他成员履行多边义务；充分利用争端解决机制解决双边贸易争端，避免某些双边贸易机制对我国的不利影响；全面参与新一轮多边贸易谈判，参与制订多边贸易规则，维护我国的国家利益；对于现在或将来与我国有重要贸易关系的申请加入方，将要求与其进行双边谈判。

（3）享受发展中国家权利

除一般成员所能享受的权利外，我国作为发展中国家还将享受世界贸易组织各项协定规定的特殊和差别待遇。

（4）获得市场开放和法规修改的过渡期

为了使我国有关产业在加入世界贸易组织后获得必要的调整和适应的时间和缓冲期，并对有关的法律和法规进行必要的调整。经过谈判，我国在市场开放和遵守规则方面获得了过渡期。

（5）部分产品保留国营贸易体制

世界贸易组织允许通过谈判保留进口国营贸易。为在加入世界贸易组织后保留对进口的合法调控手段，我国在谈判中要求对重要商品的进口继续实行国营贸易管理。经过谈判，我国保留了粮食、棉花、植物油、食糖、原油、成品油、化肥和烟草8种关系国计民生的大宗产品的国营贸易管理。

（6）有条件、有步骤地开放服务贸易领域

我国保留了对重要的服务贸易部门的管理和控制权，将根据WTO的规定和我国的有关法律和法规，依法对外资进入进行管理和审批，有条件、分步骤地开放服务贸易市场，以便在市场开放的过程中确保国家经济安全。

（7）对国内产业提供世界贸易组织规则允许的补贴

我国保留了对国内产业和地区进行与世界贸易组织有关规则相符的补贴权利。

（8）保留部分产品国家定价和政府指导价的权利

我国保留了对重要的产品及服务实施国家定价和政府指导价的权利。

（9）保留征收出口税的权利

为了对我国的矿产和自然资源提供必要的保护，经过谈判，我国保留了对80多种产品征收出口税的权利。

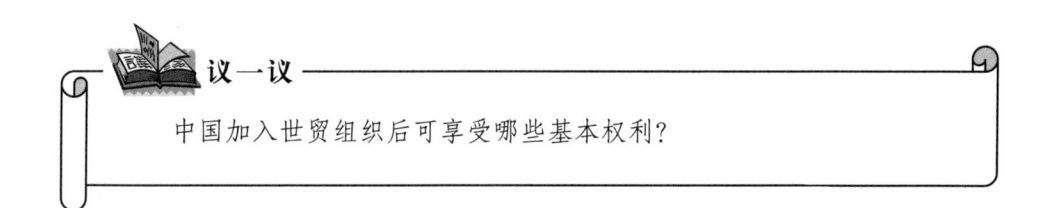

议一议

中国加入世贸组织后可享受哪些基本权利？

> **小资料**
>
> **我国在市场开放和遵守规则方面获得的过渡期**
>
> 1. 在放开贸易权的问题上，享有 3 年的过渡期；
> 2. 关税减让的实施期最长可到 2008 年；
> 3. 逐步取消 400 多项产品的数量限制（包括进口配额、许可证、特定招标等），最迟可在 2005 年 1 月 1 日取消（汽车整车及部分关键件）；
> 4. 服务贸易的市场开放在加入后 1~6 年内逐步实施；
> 5. 在纠正一些与国民待遇不相符的措施方面，包括针对进口药品、酒类和化学品等的规定，将保留一年的过渡期，以修改相关法规；
> 6. 对进口香烟实施特殊许可证方面，我国将有 2 年的过渡期等。

2. 中国承担的基本义务

（1）遵守非歧视原则

非歧视原则是世界贸易组织最基本的原则，包括最惠国待遇原则和国民待遇原则。我国已经在加入 WTO 前对与我国签订双边优惠贸易协定的国家实施了双边最惠国待遇，因此加入法律文件中有关非歧视原则的问题主要是指对进口产品的国民待遇问题。我国承诺在进口货物、关税、国内税等方面，给予外国产品的待遇不低于给予国产同类产品的待遇，并对目前仍在实施的与国民待遇原则不符的做法和政策进行必要的修改和调整。

（2）实施统一的贸易政策

世界贸易组织要求其成员实施统一的贸易政策。1994 年全国人大通过并于最近修订的《中华人民共和国对外贸易法》已经确立了实施统一的贸易政策的原则。据此，我国承诺在整个关税领土内统一实施贸易政策。

（3）贸易政策的透明度

根据世界贸易组织的透明度原则，各成员必须公布有关贸易的法律、法规和部门规章。我国从 1991 年开始已经逐步做到了对外公布涉及贸易的法律、法规和部门规章。

（4）为当事人提供司法审查的机会

世界贸易组织要求其成员在有关法律、法规、司法决定和行政决定方面，为当事人提供上诉、要求司法审查、复审的机会。我国承诺在与《行政诉讼法》规定不冲突的情况下，履行有关司法审查的义务。

（5）逐步放开贸易权

加入 WTO 时，我国对企业获得贸易权（对外贸易经营权）实行审批制，而国际上的通行做法是，企业在依法注册后，就可以获得进出口权。根据议定书的规定，加入 WTO 三年后，我国将取消贸易权审批制，所有在中国的企业经过登记后都可以获得贸易权，但国营贸易和指定经营产品除外。

(6) 遵守 WTO 关于国营贸易的规定

我国承诺遵守有关国营贸易的规定，国营贸易公司按照商业考虑经营，并履行有关通知义务。在保留国营贸易体制的领域，也允许一定比例的进口由非国营贸易公司经营。

(7) 逐步取消非关税措施

我国承诺按照世界贸易组织的规定，将现在对 400 多项产品实施的非关税措施（配额、许可证、机电产品特定招标）在 2005 年 1 月 1 日之前取消，并承诺今后除非符合 WTO 规定，否则不再增加或实施任何新的非关税措施。

(8) 不再实行出口补贴

我国承诺遵照 WTO《补贴与反补贴措施协定》的规定，取消协定禁止的出口补贴，通知协定允许的其他补贴项目。

(9) 实施《与贸易有关的投资措施协定》

我国承诺加入 WTO 后实施《与贸易有关的投资措施协定》，取消贸易和外汇平衡要求、当地含量要求、技术转让要求等与贸易有关的投资措施。根据大多数 WTO 成员的通行做法，承诺在法律、法规和部门规章中不强制规定出口实绩要求和技术转让要求，由投资双方通过谈判议定。

(10) 接受过渡性审议

我国加入世界贸易组织后 8 年内，WTO 相关委员会将对中国履行 WTO 义务和实施加入 WTO 谈判所作承诺的情况进行年度审议，然后在第 10 年完全终止审议。

> **网络链接**
>
> 了解更多有关我国入世后可享受的权利和应承担的义务可链接
> http://www.wtolaw.gov.cn/display/

4.3.3　我国入世以后的履约进程

1. 在关税减让方面

为了履行加入世贸组织承诺，我国大幅下调商品的进口关税，2010 年，我国平均关税水平从加入 WTO 前的 15.3% 逐步降低到 9.8%，我国加入世贸组织的降税承诺全部履行完毕。2015 年 1 月 1 日，《2015 年关税实施方案》正式实施，对进口商品税率、协定税率、特惠税率、出口商品税率和税则税目等进行了调整，其中，最惠国税率维持不变，关税总水平仍将为9.8%，其中农产品平均税率为15.1%，工业品平均税率为8.9%。

小资料

2015年我国部分优惠关税调整情况

2015年，依据我国与有关国家或地区签署的自由贸易协定或关税优惠协定，继续对原产于东盟各国、智利、巴基斯坦、新西兰、秘鲁、哥斯达黎加、韩国、印度、斯里兰卡、孟加拉、瑞士、冰岛等国家的部分进口产品实施协定税率，部分税率水平进一步降低。在内地与香港、澳门更紧密经贸关系安排框架下，对原产于港澳地区且已制定优惠原产地标准的产品实施零关税。根据海峡两岸经济合作框架协议，对原产于台湾地区的部分产品实施零关税。对原产于埃塞俄比亚、也门、苏丹等41个国家的部分商品实施特惠税率，其中对埃塞俄比亚等24个国家的97%税目商品实施零关税特惠税率。

---

2. 在非关税措施方面

根据议定书附件所列时间表，自2002年1月1日起取消了粮食、羊毛、棉花、腈纶、涤纶、聚酯切片、化肥、部分轮胎等产品的配额许可证管理，我国入世前对400多项产品实施的非关税措施逐渐削减。2005年是中国加入世界贸易组织后过渡期的第一年，其中，具有重大意义的事件是我国入世时所做的取消非关税措施的承诺全部兑现。

3. 在行业开放方面

（1）银行业：自加入时起，允许外国金融机构向所有客户从事外汇业务，无地域限制。入世两年内，允许外国金融机构向中国企业提供人民币业务服务。

（2）农业：入世后的关税实行上限约束，平均关税水平3年内降至15.5%。中国政府处入世之日起就完全取消了农产品的出口补贴。

（3）分销零售：入世后，中国将允许外商设立从事佣金代理、批发和零售服务的合营公司，从事除烟草及其制品、食盐、书报杂志、药品、农药、农膜、化肥、原油、成品油以外商品的进口和批发、零售业务。

（4）汽车（轿车）：自加入时起，分阶段取消汽车及关键零部件进口配额，至2005年取消配额。

> **小资料**
>
> **入世后我国银行业开放时间表**
>
> 1. 取消外资银行在中国经营人民币业务的地域限制,在加入 WTO 后,立即取消在下列城市的限制,即上海、深圳、天津、大连;在加入 WTO 1 年内,取消在广州、青岛、南京、武汉的限制;在加入 WTO 2 年内,取消在济南、福州、成都、重庆的限制;加入 WTO 3 年内,取消在北京、珠海、厦门、昆明的限制;在加入 WTO 4 年内,取消在西安、沈阳、宁波、汕头的限制,加入 WTO 5 年内,取消全部的地域限制,外资银行到时候可以遍地开花。
>
> 2. 取消外资银行在中国经营人民币业务的客户限制,在加入 WTO 2 年内,允许外资银行对中国企业提供人民币业务服务,即人民币的批发业务放开;在加入 WTO 5 年内业务,允许外资银行对中国居民提供人民币业务服务,即人民币的零售业务放开。

> **小资料**
>
> **我国汽车行业的入世承诺**
>
> 1. 自 2001 年起,分阶段取消汽车及关键零部件进口配额,至 2005 年取消配额。初始配额量从 2000 年 60 亿美元起,每年增加 15%。入世 3 年内取消许可证。
>
> 2. 关税方面,以轿车为例:2002 年发动机排量在三升以下的轿车关税由 70% 降到 43.8%;以后平均每年再降低 4% 至 5%;排量三升以上的,关税由入世前的 80% 降到 50.7%,以后每年再降 6% 左右。到 2006 年 1 月 1 日减为 28%,同年 7 月 1 日减为 25%。汽车分销自加入时全面放开。
>
> 3. 2002 年开始,汽车连锁店放开,允许合资,如连锁店数量超过 30 家,外方不能控股,2006 年取消限制。汽车制造取消国产化率要求。

(5) 电信业:自加入之日起,允许外资在上海、广州和北京设持股 30% 的合资企业,并在这些城市内及其之间提供服务;入世 5 年内,取消地域限制。

(6) 旅游业:允许外商通过合营企业形式在中国建设、改造和经营饭店和餐馆,外方可控股。

> **小资料**
>
> **我国旅游业的入世承诺**
>
> 旅行社在入世3年内允许外资在合资旅行社中占有多数股权,6年内允许外国设立独资旅行社,并取消地域限制和对成立分支机构的限制;饭店业入世后,外资可以占有合资酒店的多数股权,4年内准入不再受限制,且可由外资独资。

4. 在有关知识产权保护方面

我国已于2000年和2001年完成了对《专利法》、《专利法实施细则》、《商标法》、《著作权法》、《计算机软件保护条例》等法规的修改,制定了《集成电路布图设计保护条例》、《商标法实施细则》、《著作权法实施细则》和《药品管理法实施办法》等。2003年相继出台了《中华人民共和国知识产权海关保护条例》、《著作权行政处罚实施办法》、《专利实施强制许可办法》等多部条例和办法。这些法规实施后,我国的知识产权保护在立法方面基本上符合《与贸易有关的知识产权协定》(TRIPs)的要求。

4.4 本章小结与学习路径

4.4.1 本章小结

本章主要介绍关贸总协定与世界贸易组织的成立、基本原则和运作,以及中国与世界多边贸易体制的关系。

本章主要包括三个方面的内容:

(1) 世界贸易组织为代表的国际贸易组织类型及其在国际贸易中的作用。

(2) 从关贸总协定到世界贸易组织的发展历程,重点介绍世界贸易组织的产生、宗旨、组织结构和基本原则,包括非歧视原则(包括最惠国待遇原则和国民待遇原则)、扩大市场准入原则、公平贸易原则、透明度原则等。

(3) 中国与世贸组织的关系。中国从"复关"到"入世",经历了一段艰辛而漫长的历程，在这个过程中中国所坚持的基本原则。

入世后中国可享有的基本权利包括：①享受非歧视待遇；②全面参与多边贸易体制；③享受发展中国家权利；④获得市场开放和法规修改的过渡期；⑤部分产品保留国营贸易体制；⑥有条件、有步骤地开放服务贸易领域；⑦对国内产业提供世界贸易组织规则允许的补贴；⑧保留征收出口税的权利。

入世后中国承担的基本义务包括：①遵守非歧视原则；②实施统一的贸易政策；③确保贸易政策的透明度；④为当事人提供司法审查的机会；⑤逐步放开外贸经营权；⑥遵守 WTO 关于国营贸易的规定；⑦逐步取消非关税措施；⑧实施《与贸易有关的投资措施协定》等。以及我国作为世界贸易组织重要成员的履约情况。

我国入世后，已在关税减让、非关税措施削减、市场开发、知识产权保护等方面认真履行了各项入世承诺，受到世界贸易组织及其他成员国的好评。

4.4.2　学习路径

一、国际贸易组织的类型
- 世界性经济贸易组织
  - 世界贸易组织
  - 国际货币基金组织
  - 世界银行
  - 联合国贸易和发展会议
  - 石油输出国组织
  - 世界知识产权组织
  - 77 国集团
  - 八国集团
  - 20 国集团
- 区域性经济贸易组织
  - 欧盟
  - 亚太经济合作组织
  - 北美自由贸易区
  - 中国—东盟自贸区
  - 亚洲基础设施投资银行

二、世界贸易组织
- 职能
  - 管理世贸组织管辖的各项协议
  - 提供多边谈判场所
  - 解决成员方国际贸易争端
  - 组织贸易政策审议
  - 加强与其他国际组织的合作
- 组织机构
  - 部长级会议——最高权力机构和决策机构
  - 总理事会——部长级会议休会期间代行职能
  - 专门委员会
  - 秘书处和总干事
  - 其他机构
- 基本原则
  - 非歧视性贸易原则
    - 最惠国待遇原则
    - 国民待遇原则
  - 扩大市场准入原则
  - 互惠原则
  - 透明度原则
  - 公平贸易原则
  - 关税保护原则
  - 鼓励发展和经济改革原则
- 规则体系
  - 规范货物贸易的规则
  - 规范服务贸易的规则
  - 规范知识产权问题的规则
  - 争端解决规则
  - 贸易政策审议规则
  - 诸边贸易规则
- 历次部长级会议
  - 新加坡部长会议（1996年12月9—13日）
  - 日内瓦部长级会议（1998年5月18—20日）
  - 西雅图部长级会议（1999年11月30—12月3日）
  - 多哈部长级会议（2001年11月9—14日）
  - 坎昆部长级会议（2003年9月10—14日）
  - 香港部长级会议（2005年12月13—18日）
  - 日内瓦部长级会议（2009年11月30—12月3日）
  - 日内瓦部长级会议（2011年12月15—17日）
  - 巴厘岛部长级会议（2013年12月3—6日）

第 4 章 国际贸易组织

三、中国与世界贸易组织
├─ "复关"与"入世"
│   ├─ 正式提出"复关"申请（1986年7月）
│   ├─ 全面参与乌拉圭回合多边贸易谈判（1986年9月）
│   ├─ 中国工作组成立（1987年3月）
│   ├─ 签署《最后文件》和《马拉喀什协议》（1994年4月）
│   ├─ 获得WTO观察员身份（1995年7月）
│   ├─ 中美两国签署入世的双边协议（1999年11月15日）
│   ├─ 中欧签署入世的双边协议（2000年5月19日）
│   ├─ 通过中国加入WTO的决议（2001年11月10日）
│   └─ 正式成为WTO第143个成员（2001年12月11日）
├─ 入世谈判坚持三原则
│   ├─ 权利和义务平衡的原则
│   ├─ 承担与自己经济发展水平相适应的义务
│   └─ 以乌拉圭回合协议为基础与有关世贸组织成员进行谈判
├─ 享受的权利
│   ├─ 享受非歧视待遇
│   ├─ 全面参与多边贸易体制
│   ├─ 享受发展中国家权利
│   ├─ 部分产品保留国营贸易体制
│   ├─ 获得市场开放和法规修改的过渡期
│   ├─ 有条件、有步骤地开放服务贸易领域和应承担的义务
│   ├─ 对国内产业提供世界贸易组织规则允许的补贴
│   └─ 保留征收出口税的权利
└─ 应承担的义务
    ├─ 遵守非歧视原则
    ├─ 实施统一的贸易政策
    ├─ 贸易政策的透明度
    ├─ 为当事人提供司法审查的机会
    ├─ 逐步放开贸易权
    ├─ 遵守WTO关于国营贸易的规定
    ├─ 逐步取消非关税措施
    └─ 实施《与贸易有关的投资措施协定》

4.5　课后综合训练

自测题

一、概念题

1. 关税与贸易总协定

2. 世界贸易组织

3. 非歧视待遇原则

4. 最惠国待遇

5. 透明度原则

6. 亚太经合组织

二、填空题

1. 第二次世界大战后，_____、_____和_____成为世界贸易金融领域的三大支柱。

2. 第二次世界大战后，在关贸总协定的主持下，共进行了_____多边贸易谈判。

3. 乌拉圭回合多边贸易谈判涉及的议题包括_____、_____与贸易有关的_____等。

4. 关贸总协定的公平交易原则主要是指各成员国不应该采取不公正的贸易手段进行竞争，尤其是不能以_____和_____的方式销售本国的商品。

5. 总协定规定各缔约国只能通过_____来保护本国产品或市场。

6. _____（英文缩写为G77）是发展中国家为改善自身在国际经济贸易中的被动地位，以及阻止发展中国家国际收支逆差不断扩大而建立起来的一个国际经济组织。

7. 1999年1月1日欧元启动，参加欧元的12个国家被称为_____。

8. 1991年，中国及其台湾和香港地区同时加入APEC。根据加入时签订的《备忘录》规定，台湾以"_____"的名义参加APEC。为避免出现争议，APEC会议不挂国旗。

9. 北美自由贸易区是在北美自由贸易协定（North American Free Trade Agreement，NAFTA）的基础上建立的，由_____、_____和_____三个国家组成。

10. 1994年4月15日，"乌拉圭回合"参加方在摩洛哥_____通过了《建立世界贸易组织的马拉喀什协定》，简称《建立世界贸易组织协定》。

11. 狭义的"世界银行"仅指_____（IBRD）和_____（IDA）。

12. 1999年11月15日和2000年3月19日，中国分别完成了同_____和_____的"入世"谈判，签署了关于中国加入世贸组织的双边协议。

13. 2001年12月11日，中国正式成为世界贸易组织第_____个成员。

14. _____（英文缩写OPEC），简称欧佩克，是发展中国家建立最早、影响较大的一个原料生产和出口组织。

15. 2014年11月15日，习近平主席在G20峰会上宣布，中国将是2016年G20峰会_____国。

16. _____（英文缩写为AIIB）是在中国主导下正式成立的一个政府间性质的亚洲区域多边开发机构，是世界银行、亚洲开发银行的补充。

三、判断改错题（判断对错，错误的加以改正）

1. 关贸总协定与世界贸易组织同时产生。（　　）

改正：_____

2. 关贸总协定是一个临时协定。（　　）

改正：_____

3. 关贸总协定是联合国下属的一个机构。（　　）

改正：_____

4. 关贸总协定的历次谈判不仅降低了关税，也约束了非关税壁垒。（　　）

改正：_____

5. 以发展中国家身份复关是我国在谈判中始终坚持的一个立场。（　　）

改正：_____

6. 世界贸易组织是一个多边贸易组织。（　　）

改正：_____

7. 世界贸易组织基本继承了关贸总协定的基本原则。（   ）

改正：_____

8. 世界贸易组织只管辖国际货物贸易。（   ）

改正：_____

9. 中国于1995年提出要求重新加入关贸总协定。（   ）

改正：_____

10. 中国正式加入世贸组织，必须遵守其规则。（   ）

改正：_____

11. 根据多哈回合所通过的《建立世界贸易组织协定》，1995年1月1日，世界贸易组织正式开始运作。（   ）

改正：_____

12. 根据世贸组织有关成员国统一贸易政策的要求，我国承诺在整个中国关税领土内统一实施贸易政策。（   ）

改正：_____

13. 中国是世贸组织的23个创始缔约方之一。（   ）

改正：_____

14. 加入世界贸易组织后，中国将充分享受双边无条件的最惠国待遇和国民待遇。（   ）

改正：_____

15. 根据中国入世承诺，加入世贸组织后，我国必须无条件开放服务贸易领域。（   ）

改正：_____

四、单选题

1. 关贸总协定生效于_____。

　　A. 1946年2月　　B. 1947年4月　　C. 1947年10月　　D. 1948年1月

2. 关贸总协定是在_____的策动下成立的。

　　A. 美国　　　　B. 英国　　　　C. 法国　　　　D. 日本

3. 关贸总协定缔约国之间相互保证给予另一方的自然人、法人等在本国境内享有与本国自然人和法人等同等的待遇是符合_____。

　　A. 最惠国待遇　　B. 国民待遇　　C. 普惠制待遇　　D. 特殊优惠待遇

4. 总协定的最惠国待遇是_____。

　　A. 有条件的　　B. 无条件的　　C. 单边的　　D. 双边的

5. 关贸总协定第八轮多边贸易谈判的三大新议题是_____。

A. 反倾销、反补贴、反规避

B. 政府采购、反倾销、农产品贸易

C. 纺织品贸易、知识产权、反倾销

D. 服务贸易、知识产权、与贸易有关的投资

6. 总协定历史上谈判时间最长、参加国最多的是_____。

A. 东京回合　　B. 狄龙回合　　C. 乌拉圭回合　　D. 肯尼迪回合

7. 20世纪90年代初重提建立多边贸易组织的是_____。

A. 英国　　　　B. 美国　　　　C. 意大利　　　　D. 加拿大

8. 世界贸易组织于_____正式运转。

A. 1990年初　　B. 1992年4月　　C. 1993年12月　　D. 1995年1月

9. 世贸组织的最高权力和决策机构是_____。

A. 总理事会　　B. 部长级会议　　C. 秘书处　　　　D. 总干事

10. 中国正式加入世贸组织是在_____。

A. 1986年7月　　B. 1995年7月　　C. 1999年11月　　D. 2001年12月

11. 根据关贸总协定的原则，_____是各国保护国内工业的唯一手段。

A. 非关税壁垒　　B. 关税　　　　C. 进口配额　　　　D. 进口许可证

12. 乌拉圭回合多边贸易谈判的新议题不包括_____。

A. 服务贸易　　B. 农产品贸易　　C. 知识产权保护　　D. 汇率制度

13. _____、国际清算银行（BIS）及世界银行，被称为"布雷顿森林机构"，几乎所有实行市场经济的国家，其金融政策均受这三家机构影响。

A. 国际货币基金组织　　　　B. 中国银行

C. 中国人民银行　　　　　　D. 丝绸之路基金

14. 中国—东盟自由贸易区是中国与东盟10国组建的自由贸易区，于_____年1月1日正式建成。

A. 1995　　　　B. 2010　　　　C. 2012　　　　D. 2015

15. 2015年3月12日，_____正式申请加入亚投行，成为首个申请加入亚投行的主要西方国家。

A. 英国　　　　B. 法国　　　　C. 德国　　　　D. 美国

小组活动（一）

【背景资料】

随着中国加入世贸组织，外资军团加快大举进入中国。以商业行业为例，美国的沃尔玛、法国的家乐福、德国的麦德龙等世界商业巨头，最近都加快了进入中国市场

的步伐。

　　喊了多少年"狼来了"，这回"狼"是真的来了。之所以把外资企业比喻为"狼"，不仅在于它们普遍实力雄厚、竞争力强，而且它们来势凶猛，对国内企业传统的经营观念和方式形成巨大的冲击，同时也是一次机遇，是相互学习、加速发展的良机。人们发现，在跨国公司、大财团"大兵压境"的时候，自己能做的不是御"狼"于国门之外，或妄自菲薄、坐以待毙，而是向"狼"学习、与"狼"共舞。

　　没有竞争，就没有提高。"狼"烟四起的激烈竞争，固然会加速淘汰一批国内企业，但也必然会激发国内企业积极应对、奋发图强。在国际市场竞争中，中国必将会成长起一批走向世界的大企业。

【活动要求】

请根据上述背景资料，结合所学内容，分组讨论并回答以下问题：

1. 为什么把入世后加快大举进入中国的外资企业比喻为"狼"？

2. 如何正确理解"狼来了"对我国相关行业的提供的机遇和挑战。

小组活动（二）

【背景资料】

我国复关及入世历程

1986年7月，中国正式提出恢复GATT缔约国地位申请并阐明复关三原则。

1986年9月，中国全面参与GATT乌拉圭回合多边贸易谈判。

1987年3月，中国工作组成立。

1992年10月，GATT中国工作组结束对中国对外贸易体制的审议，复关进入实质性谈判。

1994年4月，中国签署《乌拉圭回合多边贸易谈判的最后文件》和《建立世界贸易组织的马拉喀什协议》。

1995年GATT被WTO替代，中国复关谈判没有实质性突破。

1995年1月，WTO正式成立，同年7月，中国获得WTO观察员身份。

1997年，在亚洲金融风暴中的表现为中国入世奠定良好的基础。

1998—1999年，中国与美国高层频繁接触，达成了农产品协议。

1999年7月，日本首相访华同意接受中国加入WTO的条件。

1999年11月15日，中美两国签署关于中国加入WTO的双边协议。

2000年5月19日，中欧签署了关于中国加入WTO的双边协议。

2001年11月10日，WTO第四届部长级会议一致通过了中国加入WTO的决议。

2001年12月11日，中国正式成为WTO第143个成员。

【活动要求】

请根据上述背景资料，结合所学内容，分组讨论并回答以下问题：

1. 列举中国入世历程中最关键的事件并简要说明理由。

2. 中国花15年的时间加入WTO，期间屡屡受阻但还是锲而不舍直至最后入世，反映出我国政府对世界贸易组织的什么态度？

小组活动（三）

【背景资料】

1995年1月23日，委内瑞拉向WTO争端解决机构（DSB）提出申诉，认为美国对进口汽油的化学特性使用了比国产汽油更严格的规则，对进口汽油造成了歧视。委内瑞拉认为这是不公平的，违反了WTO的国民待遇原则，而且美国也没有理由因健康和环保原因获得对WTO规则的例外，为此正式要求与美国进行磋商。因巴西于1996年4月也提出了申诉加入该案，交由同一专家组审议这两起申诉。1996年1月29日（仅一年），专家组完成了最终报告，专家组同意委内瑞拉和巴西的观点。

美国进行了上诉，上诉机构报告维持了专家组报告，只对专家组的法律解释做了修改。上诉机构完成了报告，并交争端解决机构于1996年5月20日通过，此时距委内瑞拉首次提出申诉1年零4个月。

美国和委内瑞拉在随后的6个半月内，就美国应采取的措施达成了协议。美国同意委内瑞拉提出的在15个月内修改其规定的要求，并在1997年8月26日给争端解决机构的报告中称，新规则已于8月19日签署。

【活动要求】

请根据上述背景资料，结合所学内容，分组讨论并回答以下问题：

1. 本案美方对进口汽油的化学特性使用了比国产汽油更严格的规则，违反了世界贸易组织的哪些基本原则？试简要说明。

2. 委内瑞拉是通过什么合法途径维护自身利益的？

3. 巴西和委内瑞拉通过 WTO 争端解决机构解决与美国的贸易争端给我们什么启示？

第 5 章　国际贸易发展新业态

知识目标

1. 了解当前国际货物贸易发展的趋势。
2. 了解跨境电子商务的概念及特征。
3. 了解国际服务贸易的发展趋势。
4. 初步了解区域贸易集团的概念、产生与发展及对国际贸易的影响。

重点难点

1. 当前国际货物贸易的发展趋势。
2. 跨境电子商务的概念、分类及关联体系。
3. 国际服务贸易的概念及其发展趋势。
4. 正确区分区域经济合作的各种类型。

本章导读

2008年，由美国次贷危机引发的全球金融海啸席卷全球经济，使世界各经济实体遭受严重打击，世界经济发展中存在着更大的不确定性和不稳定性。2010年以来，随着各国政策效应进一步显现，世界经济继续复苏，主要贸易大国国际贸易恢复性发展，国际贸易面临着全新的挑战和发展机遇，出现一些新业态。第一，随着互联网、物流网等基础设施建设加快和移动互联网、大数据、云计算等技术的推动，跨境电子商务在全球范围内快速发展。据联合国贸发会议预计，2015年的跨境电子商务将占到世界贸易总额的30%~40%，之后会更高。电子商务在国际贸易中的地位和作用日益凸显出来，并将逐渐改变传统国际贸易经营模式和生产组织形态。第二，国际服务贸易的快速增长，国际服务贸易结构加速调整升级，全球服务外包迅猛发展，各国在服务领域逐步降低服务贸易壁垒，使国际服务贸易进入快速发展时期。第三，作为经济全球化的一种主要表现形式，区域经济一体化促进了国际贸易的快速增长，并成为国际贸易发展的趋势。

通过本章学习，你将了解和掌握以下知识：

1. 国际货物贸易发展趋势；
2. 跨境电子商务的概念、特点和分类；
3. 国际服务贸易的概念及分类；
4. 区域经济一体化的基本形式。

5.1 国际货物贸易发展新业态

进入21世纪以来，在经济全球化背景下，了解国际货物贸易的发展新常态，对于在更大范围、更广领域和更高层次上参与国际经济合作与竞争，把握好经济全球化带来的各种机遇，具有十分重要的意义。

1. 国际货物贸易增长速度从相对缓慢转向适度增长

金融危机后全球经济增速出现了相对缓慢的"新常态"，美国经济的强劲复苏以及欧洲经济条件的改善导致进口需求扩大，成为推动全球出口贸易增长的主要因素。据WTO预测，2015年全球货物贸易将继续呈现适度增长的态势，预计增长幅度为5.3%。同时，发展中经济体在国内生产总值和贸易增长方面将继续超过发达经济体。其中中国外贸易增速明显高于全球平均增速，第一货物贸易大国地位将进一步巩固。

2. 国际货物贸易结构走向高级化

传统初级产品的比重下降，工业制成品的比重持续上升；高新技术产品出口高速增长。第二次世界大战以后的半个多世纪当中，特别是20世纪70年代以来，由于国际分工的深化，产业结构不断调整，科技革命加剧以及跨国公司的崛起，促使国际货物贸易的结构走向更高级化。

3. 国际贸易贸易格局新变化，中国成为国际贸易增长的新生崛起力量

2014年，全球贸易增长的动力主要来自发达经济体。美国经济的强劲复苏以及欧洲经济条件的改善导致进口需求扩大，成为推动全球出口贸易增长的主要因素。据WTO预测，2014年全球货物贸易将适度增长，增长率为4.7%。

中国成为国际贸易增长的新生崛起力量，不仅在全球贸易总量中的份额和排名不断攀升，而且对全球贸易增量的贡献也更为显著。2014年中国对外贸易额达到43030.4亿美元，同比增长3.4%，在全球市场份额已占到了12%左右。

4. 电子商务模式的兴起，国际货物贸易实现无纸化

电子商务是在世界范围内兴起的一种新型商务模式。它采用数字化电子方式进行商务数据交换和开发商务业务活动。它的兴起不仅简化了国际贸易程序，而且缩短了国际贸易的时间和距离，大大提高了国际贸易的效率，实现了国际贸易活动的无纸化、简易化、智能化和全球化，是国际贸易方式划时代的变革。它的逐渐兴起将全球市场纳入一个快速高效的信息网络，极大地促进了世界经济一体化进程。电子商务的兴起影响了贸易主体的变化，创造了更流畅的贸易运作流程，大大提高了国际贸易的效率。

5. 贸易保护主义争斗愈演愈烈，贸易壁垒层出不穷

在经济全球化的推动下，世界各国经济交往愈加频繁。但是随着国际贸易规模不断扩大，贸易摩擦产生的可能性也就越大。当前，各国经济景气的不均衡性、区域贸易集团的排他性、贸易分配利益的两极化等都是造成贸易保护主义愈演愈烈的重要原因。当前世界已进入贸易争端的高发期，贸易保护的手段不断翻新。各种技术壁垒成为贸易保护的新式武器。贸易摩擦从单纯的贸易问题转向更为综合的领域。社会保障问题、汇率制度问题等已成为摩擦的新领域。

5.2 跨境电子商务的发展新业态

2008年金融危机以来，在全球贸易呈低速增长状态、国际市场竞争加剧、贸易摩擦形势依然严峻的背景下，电子商务一枝独秀，尤其是跨境电商开始崭露头角，逐渐改变了传统国际贸易经营模式和生产组织形态。越来越多的传统国际贸易企业、制造企业和本土品牌供货商正蓄势待发，积极准备投身跨境电子商务市场。从发达国家到发展中国家，从国际经济组织到各国政府，从工商企业到消费者，无一不被卷入这股浪潮中。以中国为例，2013年中国跨境电子商务交易额约为3.1万亿元，增速超过50%，远高于外贸增速。据不完全统计，中国境内各类平台企业已超过5000家，通过平台开展跨境电子商务的外贸企业超过20万家。跨境电子商务作为一种新业态，不仅冲破了国家间的障碍，使国际贸易走向无国界贸易，同时它也正在引起世界经济贸易的巨大变革，推动全球经济一体化和贸易全球化，给国际贸易带来新的机遇和挑战。

5.2.1 跨境电子商务概念及特点

1. 跨境电子商务概念

跨境电子商务是指不同关境的交易双方个人或企业通过互联网及其相关信息平台进行的跨关境数字化交易为主要方式的一种新型贸易活动，它涵盖了营销、贸易、物流、支付、服务等各项商务活动，包括跨境电子商务出口和跨境电子商务进口。

2. 跨境电子商务的特点

与传统贸易相比，跨境电子商务具有如下特点：

（1）多边化

和传统贸易在信息流、商流、物流、资金流方面的双边操作不同，跨境电子商务可同时进行实时多边合作，如通过A国的交易平台、B国的支付结算平台、C国的物流平台，实现其他国家间的直接贸易。

（2）直接化

"直接化"是指跨境电子商务可以通过电子商务交易与服务平台，实现多国企业之间、企业与最终消费者之间的直接交易。与传统国际贸易相比，进出口环节少、时间短、成本低、效率高。

（3）小批量

由于跨境电子商务多面向小商户或最终消费者，相对于传统贸易而言，单笔订单大多是小批量，甚至是单件。

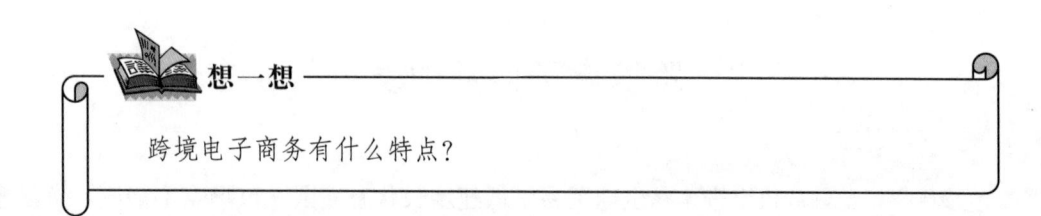

> **想一想**
>
> 跨境电子商务有什么特点？

(4) 高频度

跨境电子商务通过信息化，大大缩短了贸易业务各环节中的时间，加上通过信息平台可直接面向全球买家，实现了单个企业或消费者能够即时按需采购、销售或消费，因此相对于传统贸易而言，交易双方的交易频率大幅提高。

(5) 无纸化

跨境电子商务主要采取无纸化操作的方式，这是以电子商务形式进行交易的主要特征。

5.2.2 跨境电子商务的分类

1. 按照商业模式划分，跨境电子商务平台分为 B2B、B2C 以及 C2C 三种类型。

(1) B2B

B2B 是英文 business to business 的缩写，即商业对商业，或企业间的电子商务，是企业与企业之间通过互联网进行产品、服务及信息的交换。跨境 B2B 电商则是分属不同关境的企业与企业之间，通过电商平台达成交易、进行支付结算，并通过跨境物流送达商品、完成交易的一种国际商业活动。目前我国跨境 B2B 平台代表有敦煌网、中国制造、阿里巴巴国际站、环球资源网。

> **小资料**
>
> **敦煌网：每 3 秒产生 1 张订单，客户遍及上百个国家和地区**
>
> 敦煌网是一个聚集中国众多中小供应商产品的网上 B2B 平台，为国外众多的中小采购商有效提供采购服务的全天候国际网上批发交易平台。作为跨境电商的先行者，其平台每 3 秒产生 1 张订单，客户遍及上百个国家和地区。作为国际贸易领域 B2B 电子商务的创新者，敦煌网充分考虑了国际贸易的特殊性，全新融合了新兴的电子商务和传统的国际贸易，为国际贸易的操作提供专业有效的信息流、安全可靠的资金流、快捷简便的物流等服务，是国际贸易领域一个重大的革新，掀开了中国国际贸易领域新的篇章。

(2) B2C

B2C 是英文 business to customer 的缩写，即商业对个人，也就是通常说的网上商店。这种形式的电子商务一般以网络零售业为主，主要借助于互联网开展在线销售活动。跨境 B2C 电商则是指企业直接面向不同关境的消费个人开展在线跨境销售产品和服务，同样地需要通过电商平台达成交易、进行支付结算，并通过跨境物流送达商品以完成交易。目前我国的跨境 B2C 平台代表有速卖通、DX、兰亭集势、米兰网等。

小资料

速卖通：融订单、支付、物流于一体的外贸在线交易平台

速卖通（AliExpress）是阿里巴巴帮助中小企业接触终端批发零售商，小批量多批次快速销售，拓展利润空间而全力打造的融合订单、支付、物流于一体的外贸在线交易平台。

全球速卖通的核心优势是在全球贸易新形势下，全球买家采购方式正在发生剧烈变化，小批量、多批次正在形成一股新的采购潮流，更多的终端批发零售商直接上网采购，直接向终端批发零售商供货，更短的流通零售渠道，直接在线零售支付收款，拓展了小批量多批次产品利润空间，创造批发零售商的更多收益。

（3）C2C

C2C 是英文 customer to customer 或 consumer to consumer 的缩写，即个人与个人之间的电子商务，主要通过第三方交易平台实现个人对个人的电子交易活动。跨境 C2C 电商是指分属不同关境的个人卖方对个人买方开展在线销售产品和服务，由个人卖家通过第三方电商平台发布产品和服务售卖产品信息、价格等内容，个人买方进行筛选，最终通过电商平台达成交易。

小资料

洋码头：一个专门为国内用户代购美国货的平台

洋码头于 2009 年成立，2011 年 6 月正式上线，总部设立在上海，并在纽约、洛杉矶、旧金山设立分部。"洋码头"连接起了美国的商家和中国的淘客，使得用户可以足不出户地买到美国货。这家从事海外代购的网站可以为买卖双方建立平台，与淘宝的"全球购"类似。2013 年国内普遍电商预计增长 30%~40%，而根据银联的海外交易、海关清关包裹量等相关数据估计，海外购市场表现优异，每年自然增长率就达到 100%~150%。简单地说，美国买手或商家在洋码头网站上提供各类商品，消费者在选择下单后，即通过国际物流业经中国海关送达消费者手中。

2. 按平台服务类型划分，跨境电子商务平台分为商品信息服务平台和商品在线交易平台。

（1）商品信息服务平台

信息服务平台主要是为境内外会员商户提供网络营销平台，传递供应商或采购商等商家的商品或服务信息，促成双方完成交易。我国这类平台代表有中国制造、阿里巴巴国际站、环球资源网。

（2）在线交易平台

在线交易平台不仅提供企业、产品、服务等多方面信息展示，并且可以通过平台线上完成搜索、咨询、对比、下单、支付、物流、评价等全购物链环节。在线交易平台模式正在逐渐成为跨境电商中的主流模式。我国这类平台代表有敦煌网、速卖通、DX、炽昂科技（FocalPrice）、米兰网、大龙网。

5.2.3 跨境电子商务的关联体系

1. 物流配送

物流包括仓储、分拣、包装和配送服务，电子商务的开展能够有效地缩短供货时间和生产周期，简化订单程序，降低库存水平，同时使得客户关系管理更加富有成效。与之相配的物流水平的高效、畅通将使跨境电子商务得到更好的发展，更易得到顾客的青睐和好评。

目前跨境电子商务物流有三种方式：国际小包和快递、海外仓储及聚集后规模化运输。

2. 电子支付

跨境电子支付业务发生的外汇资金流动，必然涉及资金结售汇与收付汇。从目前支付业务发展情况看，我国跨境电子支付结算的方式主要有跨境支付购汇方式（含第三方购汇支付、境外电商接受人民币支付、通过国内银行购汇汇出等），跨境收入结汇方式（含第三方收结汇、通过国内银行汇款、以结汇或个人名义拆分结汇流入等）。

3. 电子认证

电子认证是指采用电子技术检验用户合法性的操作。其主要内容如下：（1）保证自报姓名的个人或法人的合法性的本人确认。确认本人的简单方法一般有组合使用用户 ID 和密码，磁卡或 IC 卡和密码。需要进行慎重的认证时，可利用指纹、虹膜类型等可识别人体的生物统计学技术；（2）特别是通过电子商务进行贵重物品的交易时，保证个人或企业间收发信息在通信途中和到达后不被改变的信息认证；（3）数字签名。在数字信息内添加署名信息。电子认证为保证跨境电商交易的顺利进行起着至关重要的作用。

4. IT 服务

IT 服务，是指满足用户 IT 需求的服务产品与服务过程。IT 服务产品包括：硬件集成、软件集成、通用解决方案、行业解决方案和 IT 综合服务。服务过程是指 IT 需求得以满足的全过程。由于跨境电商交易的 IT 需求总是在发生变化，因此为其提供的 IT 服务也必须是变化的，并且要做到能解决较宽问题覆盖面的多品牌服务能力、拥有较强专业技术、提供较低运营维护成本。

5. 网络营销

网络营销指以互联网、移动互联网等平台为媒体，以新的方式、方法和理念实施营销活动，满足商家与客户之间交换概念、交易产品、提供服务的过程；通过在线活动创造、宣传和传递客户价值，并对客户关系进行管理，以达到一定营销目的的新型营销活动。网络营销已经渐渐取代传统营销，成为基于网络平台的跨境电商卖家使用的基本营销方式。

5.2.4 跨境电子商务的新业态

跨境电子商务快速发展，与其本身所具有的独特优势相关。

1. 小批量、多批次的"碎片化"进出口贸易将取代传统"集装箱"大额交易

2008 年美国金融危机后，消费者收入增长趋缓，开始直接通过网络购买国外的价低质优产品。而部分海外进口商出于缓解资金链压力和控制资金风险的考虑，也倾向于将大额采购转变为中小额采购，长期采购变为短期采购，单笔订单的金额明显减小，大部分不超过 3 万美元，传统"集装箱"式的大额交易正逐渐被小批量、多批次的"碎片化"进出口贸易取代。

2. 产品从工厂经过在线平台可以直接到国外消费者手中，有效降低产品价格

跨境电商仅需经过工厂、在线平台、海外商人即可到达消费者，外贸净利润可能达到传统贸易的数倍。未来国际贸易链条还可以更简化，产品从工厂经过在线平台可以直接到国外消费者手中。原来的中间成本一部分变成生产商的利润，一部分成为电子商务平台的佣金，剩下的则成为消费者获得的价格优惠。如果跨境电商企业能采用集中采购备货模式，那比起单笔邮寄来，还能大大降低商品采购和物流成本。

3. 上下游多属现代服务业

与之相关联的物流配送、电子支付、电子认证、IT 服务、网络营销等，都属于现代服务业内容。即使是最为传统的快递、物流配送，也建立在信息技术业务系统之上，不仅商品本身已经基于二维码、条形码进行了物品编码，而且可以在电商平台实时查询、跟踪商品流通过程，并通过网银或第三方电子支付平台进行支付。

4. 强调个性化的交易方式，消费者拥有更大选择自由

跨境电商主要解决的是消费者在国内买不到的东西，是贸易增量。跨境电商平台让全球同类产品同台亮相，性价比成为消费者购买决策的重要因素。这是一种以消费者为导向，强调个性化的交易方式，消费者拥有更大选择自由，不受地域限制。以"订单投票"，已成为跨境电商发展新业态。

5.3 国际服务贸易发展新业态

国际服务贸易与国际货物贸易、国际技术贸易并称当今国际贸易的三大形式。其中，国际商品贸易是国际贸易最早最主要的形式。随着经济全球化的广泛深入和各国服务业的发展，服务贸易已经成为国际贸易中越来越重要的贸易方式，并在经济发展和经济增长、贸易和投资中起着重要作用。因此，世界贸易组织将服务贸易纳入到多边贸易体系中，充分说明了服务贸易在当今世界经济中的地位。

5.3.1 服务贸易与国际服务贸易

1. 服务贸易的概念

服务贸易一般是指服务输出和服务输入，即服务输出是向世界其他地方出售服务，服务输入是从世界其他地方购买服务。

小资料

服务贸易与第三产业

国外一般把除第一产业（农业）、第二产业（工业）以外的产业，皆称之为第三产业或服务业。按照该产业提供的服务内容，第三产业又划分为：

1. 消费者私人服务业，如旅馆、饮食；
2. 社会服务业，如文教、保健和福利等；
3. 生产者服务业，如咨询、电信和金融等；
4. 分销服务业，如交通运输、批发零售业等。

这四种类型，除社会服务业多数是由国内提供、涉及较小的贸易以外，其他服务业多数与国际贸易有关。

2. WTO 对国际服务贸易的定义

自从 1986 年 9 月开始的关贸总协定的乌拉圭回合多边贸易谈判以后，服务贸易便成为国际贸易的一个新型议题被提出。世界贸易组织《服务贸易协定》（GATS）将服务贸易的概念定义为：跨越国界进行服务交易的商业活动，即服务提供者从一国境内向他国境内，通过商业或自然人的商业现场向消费者提供服务并取得外汇报酬的一种交易行为。这个定义已被各国所普遍认同，也就是说，所有以营利为目的的商业服务活动都属于 GATS 的范围。

5.3.2 服务贸易的特征和供应模式

1. 服务、服务产品和服务贸易的特征

服务是以无形的方式，在顾客和服务资源，有形资源商品或服务系统之间发生的，可以解决顾客问题的一种或一系列行为，它的本质就是满足他人的需要，以服务对象作为中心和出发点。与实物产品和货物贸易不同，服务产品和服务贸易具有以下几种特征：

（1）无形性。

（2）服务具有不可分割性。

（3）不可储存性。

（4）服务贸易是劳动活动和货币的交换，不是物品和货币的交换。

（5）服务贸易更多地依赖于生产要素的国际移动和服务机构的跨国设置，无论服务贸易的形式如何，它都与资本、劳动力和信息等生产要素的跨国移动密切相关。

（6）服务贸易的统计数据无法在各国海关进出口统计上显示。

（7）服务贸易的监管方式、法规形式和强度都远远超过货物贸易。

> **想一想**
>
> 服务产品和服务贸易有什么特征？

2. 服务贸易的供应模式

按照《服务贸易协定》（GATS）的定义，服务贸易有四种供应模式，即：跨境交付、境外消费、商业存在和自然人流动。

（1）跨境交付（cross-border supply of services），从一成员国境内向另一成员国提供服务。如货物运输、电话、传真、网上服务等通过电子邮件提供服务。

（2）境外消费（consumption abroad），一成员国居民在另一成员国境内享受服务。

例如，消费者在国外旅游、教育、手术、就医所受的待遇。

（3）商业存在（commercial presence），一成员国的服务者在任何其他成员国境内通过建立、经营和扩大商业实体来提供服务。例如，在其他 WTO 成员境内建立分支机构、代理机构。

（4）自然人流动或存在（movement, presence of natural persons），一成员国的服务者进入并暂时留在另一成员国境内以提供服务。自然人流动是国际服务贸易的重要组成部分之一，指缔约方的自然人（服务提供者）过境移动，在其他缔约方境内提供服务而形成的贸易。自然人将其中的部分收入汇回境内，用于境内消费，这部分服务贸易属于自然人流动。

5.3.3 国际服务贸易的产生和发展

国际服务贸易是一个在国家内的服务经济基础上，随着服务业的国际化和国际分工的出现而发展起来的。国际分工和合作是导致国际服务贸易产生和发展的动因。

1. 对外服务贸易产生的必然性

在原始社会初期，人类处于自然分工状态，生产力水平极其低下，人们只能依靠共同劳动获取极为有限的生产资料，在氏族部落成员之间进行平均分配，没有剩余产品和私有制，也就没有商品生产和商品交换，更谈不上什么贸易行为。

人类历史上的三次社会大分工，一步一步地使贸易产生的必要条件得以满足。原始社会末期出现了阶级和国家，商品流通超出国界，产生了对外贸易。

服务贸易与货物贸易同时兴起，如货物贸易就伴随着对运输、保险、通讯等服务贸易的需求而产生，然而早期的服务贸易缺少产业基础，是比较单一的。随着各国第一、第二产业水平的不断提高，逐步认识到加快服务业发展对国民经济具有重要的战略意义，因此以服务业为主体的第三产业得到了较快发展，服务贸易规模不断扩大，涉及的领域逐步拓展，呈现出良好的发展前景。第二次世界大战以后，由于经济生活和国际分工的纵深发展，促进了国际服务贸易规模日益扩大和交易额的急剧上升，使服务贸易的增长速度远超过货物贸易的增长，特别是由于高新技术的日新月异，使许多过去无法作为贸易对象的技术和信息成果，如今均可转化成为国际服务贸易的内容，从而使国际服务贸易的种类不断增加，内容和范围不断扩大。

2. 全球服务贸易的发展

20 世纪 60 年代以来，由于各国政府逐步放宽了对服务贸易的限制，国际服务贸易得到了迅速发展。1970 年，国际服务贸易的出口额仅为 710 亿美元，而 1999 年则高达 13400 亿美元，29 年间增长了 17.8 倍，年平均增长率为 10.7%，不仅高于同期世界 GDP 的平均增长率，而且高于同期世界商品贸易出口额的年平均增长率。当前，服务业占世界经济总量的比重达到70%左右，低收入国家服务业比重达到50%。国际服务贸易发展势头强劲。1980—2010年，世界服务出口总额从3673亿美元扩大到36639亿美元，30年间增长了9倍，占世界贸易出口的比重从1/7增长到近1/5。特别是进入新世纪以来，服务贸易在结构性调整中爆发新的增长力，显现出新的发展态势：

（1）世界服务贸易发展速度超过货物贸易发展速度。2000年以来，世界服务贸易年均增速9.3%，超过货物贸易8.8%的发展速度。目前，服务进出口占世界贸易的比重达到约1/5。

（2）新兴经济体服务贸易发展速度超过发达经济体。2000年以来，新兴经济体服务贸易迅速增长，发展速度超过占国际服务贸易主导地位的发达经济体。2000—2008年间，印度、俄罗斯、中国、巴西的服务出口年均增速分别达到24.7%、23%、22%、16%，高于北美洲地区8%、欧洲地区13%的年均增速。金融危机之后，新兴经济体服务贸易恢复速度也快于发达经济体。

（3）高附加值新兴服务贸易比重超过传统服务贸易。全球计算机和信息服务、咨询服务等新兴服务贸易占比逐步上升，运输、旅游等传统服务占比逐步下降，2006年首次低于50%。云计算、物联网的发展将进一步强化该趋势。

（4）商业存在形式实现的服务贸易超过跨境服务贸易。国际产业转移的重点从制造业领域向服务业领域转移。当前，服务业跨国投资占全球比重已接近2/3。通过商业存在实现的服务贸易已经超过全球的一半。

在服务贸易格局方面，服务贸易出口对发达国家越来越重要。平均而言，服务业收入占这些国家国内生产总值的50%以上（美国是70%以上）。发达国家在服务贸易出口方面具有很大优势，其服务贸易大约占全部出口额的20%；而发展中国家对发达国家的出口总额中，服务项目仅占7%。从这方面看，发展中国家是服务项目的净进口国，所以发展中国家对GATT框架下服务贸易支持力度不是很大。服务贸易呈现出以下特点：

（1）世界贸易继续保持较快增长，服务贸易发展迅速。

（2）世界贸易格局逐渐变化，区域内贸易日益活跃，区域性不平衡继续存在。

（3）以知识经济为特征的新的贸易方式和新产品方兴未艾。

（4）服务业成为全球对外直接投资最主要的行业，市场竞争日趋激烈。

（5）跨国并购业务向服务业集中的趋势不断增强。

3. 我国服务贸易的发展

随着全球步入服务经济时代，服务业和服务贸易在各国经济社会发展中的地位越来越重要。大力发展服务业和服务贸易，也成为我国促进经济发展方式加快转变的重要战略举措。近年来，我国服务贸易稳步发展，对外开放有序推进，贸易规模迅速扩大，贸易结构逐步优化，国际地位不断提升，竞争优势初步显现。主要体现在以下四个方面：

（1）贸易规模迅速扩大

1980年至今，我国服务出口增长了67倍。其中，从1991年到2003年，突破1000

亿美元用了 12 年。从 2003 年到 2006 年，突破 2000 亿美元只用了 3 年。2014 年，我国服务进出口总额首次突破了 6000 亿美元大关，达到 6043 亿美元。

（2）国际地位不断提升

2006—2010 年，我国服务进出口总额全球占比从 2006 年的 3.6% 增长到 2010 年的 5.1%，世界排名由第八位上升到第四位，其中，服务出口的世界排名从 2006 年的第八位升至 2010 年的第四位；服务进口的世界排名从 2006 年的第七位升至 2010 年的第三位。2014 年全球服务进出口净增长大概为 4.7%，我国服务进出口贸易年增长 12.6%，高于世界服务进出口总量第一的美国 8.8 个百分点。

（3）贸易结构逐步优化

2006—2010 年，我国计算机、保险、金融、咨询等高附加值服务贸易快速发展，进出口总额从 313.4 亿美元上升到 702.9 亿美元，增长约 1.2 倍，占服务进出口总额的比重从 16.3% 上升到 19.4%，年均增长 22.4%；运输、旅游、建筑等传统服务贸易稳步发展，进出口总额从 1184.6 亿美元上升到 2177.3 亿美元，占服务进出口总额的比重从 61.8% 下降到 60.1%，年均增长 16.4%。2014 年我国高附加值服务进出口快速增长，金融服务、通讯服务、计算机和信息服务进出口增速分别达到 59.5%、24.6%、25.4%。高附加值服务进出口的快速增长优化了贸易结构，培育了资本技术密集型企业，推进了服务贸易结构的调整和升级。

（4）区域协调不断加强

我国东中西部依托各自优势，实施错位发展，初步形成各具特色、优势互补的服务贸易格局。东部沿海地区初步形成以人力资本密集为特色的现代服务贸易聚集发展态势，中西部依托劳动力和丰富的自然人文资源优势，在传统服务贸易领域及劳动密集型现代服务贸易领域取得较大进展，区域协调联动效应日益加强。

（5）全球产业链更深融入

越来越多的服务贸易企业"走出去"，通过输出服务逐步融入全球产业链之中，而国外先进技术和服务的引进，对满足国民精神文化生活需求，促进国内产业相关发展都发挥了重要作用，这些都是推动服务贸易发展的重要因素。

小资料

离岸外包概念

离岸外包指外包商与其供应商来自不同国家，外包工作跨国完成。在世界经济全球化的潮流中，通过国际合作，利用国家或地区的劳动力成本差异，是企业实现降低生产成本、增强综合竞争力的有效途径。

网络链接

了解更多有关服务外包业务可链接
http://baike.soso.com/v75656.htm?pid=baike.box

5.3.4 国际服务贸易壁垒

小资料

一国对服务贸易做出限制的经济考虑

1. 维持国内就业；
2. 保护本国幼稚服务业的成长与发展；
3. 作为克服国际收支平衡困难的手段；
4. 通过对服务贸易设置壁垒来间接限制商品货物的进口；
5. 国家安全方面的考虑等。

1. 服务贸易壁垒的种类

由于服务生产与消费的同时性，使得服务的国际交易往往必须伴随着服务提供者或消费者的流动，WTO因而将服务贸易定义为通过跨境交付、境外消费、商业存在和自然人流动四种方式的国际服务交易活动。与此相对应，服务贸易壁垒可分为跨境交付壁垒、境外消费壁垒、商业存在壁垒和自然人流动壁垒四类。

（1）服务跨境交付壁垒

主要包括对电子商务实施的限制性使用、国际电子商务活动的税收、服务提供者的国籍和住所要求、授权或特许要求等。

（2）境外消费壁垒

主要包括旅游者、留学生、求医者获得出国护照和通行证方面繁琐的审批程序，回国人员携带免税进口品方面的限制，消费者出入国境时对行李、身体的过分搜查，尤其对来自传染病区和战争区人员、出国消费者在用汇方面的限制。

（3）商业存在壁垒

又称开业权壁垒，这种限制包括禁止服务输入的禁令和对东道国企业的所有权占有百分比的规定。例如，澳大利亚禁止外国银行设立分支机构，加拿大规定外国银行在加拿大开业银行中所占的比重不得超过一定比例。

(4) 自然人流动壁垒

主要包括：①与移民相关的准入和逗留时间管制；②资格、工作经验和教育程度的不适当认证；③对外国服务人员的歧视性待遇，如在社会保障费的收取、经济和管理需求测试、政府采购和政府补贴等方面。

2. 服务贸易壁垒与货物贸易壁垒比较

(1) 货物贸易壁垒是边境壁垒，而服务贸易壁垒则大大超越了边境措施，大部分属于国内管制措施。这些国内管制措施涉及的范围非常广泛，从竞争政策到资格认证，从服务本身，到劳动、资本要素流动等，都可能构成保护性服务贸易壁垒。

(2) 货物贸易壁垒只是针对货物本身，与货物生产商没关系，而服务贸易壁垒则主要针对服务提供者和服务消费者。

(3) 一些服务贸易壁垒与货物贸易壁垒相似，如禁止外国厂商提供本国的一些法律、保险、教育、调查和投资咨询、基础电信、运输等服务，外国厂商在本国公司中的股份限制，不允许一些外国专业服务人员的进入等都可看成是限额类数量型壁垒。

(4) 在自然人流动服务贸易中，对外国服务人员收取的护照和工作许可证费、出入费、歧视性的机场和港口停靠费等都可看成是关税型壁垒。在提供服务必须要有一些货物的投入，或服务就体现在一些货物中时，关税壁垒对其影响就更大。前者如演员、音乐人用的舞台用具、广告与促销用品等，后者如电影带、电视带、录像带、计算机软件等电子化产品。对外国专业服务人员的资格认证、对运输与旅游服务者的环境标准、生态标签制度等都可看成是技术型贸易壁垒。

(5) 其他特殊贸易壁垒，如对外国服务者进入本国电信、空运、广告、保险和其他分销、配送网络的歧视性限制等都是货物贸易壁垒没有的。

5.4 经济全球化及中国自贸区发展新业态

经济全球化是全球生产、消费、投资等经济活动日益紧密联系在一起的现象。进入20世纪80年代以后，经济全球化又跃进了一个全新阶段，几乎将全球所有国家和地区的经济生活都卷了进来。作为经济全球化的一种主要表现形式，区域经济一体化是国际贸易发展的趋势。经济全球化和区域经济一体化均促进了国际贸易的快速增长，作为我国外经贸企业，应懂得充分利用经济全球化的趋势和我国签订的各项"自贸协定"积极开展对外贸易。

5.4.1 经济全球化

1. 经济全球化的含义

经济全球化（economic globalization）是指世界经济活动超越国界，通过对外贸易、资本流动、跨国生产、技术转移、提供服务、人员交往等活动，使得各国、各地区之间的经济相互开放、相互依存、相互联系而形成的全球经济一体化的过程。经济全球化是当代世界经济的基本特征之一、世界经济发展的必然趋势，也是世界经济诸方面发展变化的集中体现。

经济合作与发展组织（OECD）认为，"经济全球化可以被看作一种过程，在这个过程中，经济、市场、技术与通讯形式都越来越具有全球特征，民族性和地方性在减少。"为此，可从三方面理解经济全球化：一是世界各国经济联系的加强和相互依赖程度日益提高；二是各国国内经济规则不断趋于一致；三是国际经济协调机制强化，即各种多边或区域组织对世界经济的协调和约束作用越来越强。

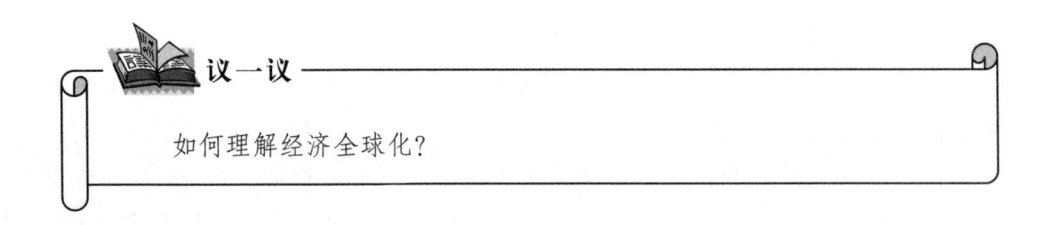

议一议

如何理解经济全球化？

2. 经济全球化的形成因素

（1）经济全球化的根本因素是生产力的发展的结果。

（2）高科技的发展，特别是信息技术发展，为经济全球化奠定了物质技术基础。

（3）越来越多的国家发展市场经济，是经济全球化的体制保障。

（4）国际贸易和投资自由化，是经济全球化的直接动因。

（5）企业经营国际化，尤其是跨国公司在全球范围的迅速扩张，对经济全球化起了推动作用。

3. 经济全球化的发展趋势

经济全球化表现在世界经济的各个领域，主要表现在以下几方面：

（1）生产过程向全球范围延伸

生产过程的国际化是经济全球化的基础。它主要表现在不同国家和地区的产品生产、加工以及销售过程超越国界，形成日益密切的分工合作、相互依存的生产联系。

（2）世界市场规模不断扩大

随着各国市场的开放和贸易自由化的发展，参与国际商品和服务交易的国家日益增多，形成一个全球范围的世界市场。在世界上，通过相互交换、互通有无、分工合作，不同发展水平的各个国家和地区的经济紧密地联系在一起。

（3）国际金融和资本市场的迅速扩大

随着各国金融自由化、国际化的发展，越来越多的国家放宽对金融市场的限制，如取消外汇管制、开放证券市场、扩大资金借贷、鼓励直接投资等，使得各国金融市场逐渐融为一体，成为世界金融市场的组成部分。

（4）技术交流与信息网络的全球化

20世纪80年代兴起的以微电子技术为中心的信息技术、生物工程、新型材料、航天材料、航天技术和海洋开发等新技术革命蓬勃发展，并通过技术交流、科技合作等多种形式向世界广为传播。技术和信息作为生产要素在世界经济增长中起着越来越重要的作用，而且获得外来技术和信息已成为各国产业升级、参与国际分工和提高综合国力的重要手段。

（5）劳动资源的跨国流动日益扩大

随着世界经济和区域经济的发展变化，目前西欧、北美、中东、东亚和东南亚已经成为四大吸收外籍劳务的中心。这些地区的发达国家和一些新兴工业国（地区）由于经济和产业结构的不断调整同本国所能提供的劳动资源的矛盾日益突出，于是产生了对外籍劳动资源的需求，因而引起劳动力跨国流动的不断扩大。

（6）世界多边贸易和金融体制的建立，推动各国建立与健全市场经济制度

第二次世界大战后，在关税与贸易总协定（后为世界贸易组织所取代）和国际货币基金组织的推动下，世界很多国家的国际贸易体制和汇率制度被纳入到世界统一体制中。

5.4.2 区域经济一体化

1. 区域经济一体化的含义

区域经济一体化（region economic integration）是指两个及两个以上的国家之间，为实现彼此在货物、资本等要素的自由流动，达成逐步取消有关关税和非关税壁垒的协定，进而协调产业、财政和货币政策，实现经济发展中各种要素的合理配置，促进相互间的经济与贸易的发展，并建立起相应的松散的超国家经济联合体或紧密的超国家的组织机构的过程，即将单独（一国）的经济体整合为较大（多国联合）的经济体的一种状态或过程。

区域经济一体化是经济全球化的一种表现形式，其表现形式是各种形式的经济贸易集团的建立。

2. 区域经济一体化的形式

区域经济一体化的形式根据不同标准可分为不同类别，一般来讲，区域经济一体

化可以根据市场融合的程度，分为优惠贸易安排、自由贸易区、关税同盟、共同市场、经济同盟和完全经济一体化六种形式。

（1）特惠关税区（preferential trade arrangement）

特惠关税区又称优惠贸易安排，是指在成员国之间相互给予关税减让的优惠待遇。特惠关税区的税率比最惠国税率还低，但成员国之间仍有一定程度的关税存在。这是区域贸易集团的最初级的形式。如1932年英国与其自治领域成员加拿大、澳大利亚等国建立的大英帝国特惠制就属此类。

（2）自由贸易区（free trade area）

集团成员方之间实行商品自由流通，完全取消相互间的贸易壁垒。如1960年由英国、澳大利亚、丹麦、挪威、葡萄牙、瑞典、瑞士、芬兰（1961年）等国家建立的欧洲自由贸易联盟，1994年美国、加拿大、墨西哥建立的北美自由贸易区。

（3）关税同盟（customs union）

集团成员方对内取消贸易壁垒，对外实行统一的关税政策和外贸政策。比较典型的关税同盟是1958年建立的欧洲经济共同体。

小资料

目前世界上三大区域经济合作区

欧盟（European Union）、北美自由贸易区（NAFTA）以及于2002年11月签约成立的中国—东盟自由贸易区（China and ASEAN Free Trade Area，CAFTA）是世界三大区域经济合作区。

（4）共同市场（common market）

集团成员方在实行关税同盟政策外，允许集团内资本和劳动力自由流动。如20世纪70年代由西德、法国、意大利、比利时、荷兰、卢森堡6国建立的欧洲共同市场，1981年安哥拉、布隆迪、科摩罗等19国成立的"东南非共同市场"。

（5）经济同盟（economic union）

集团成员方除实行商品、劳动力、资本自由流动外，统一协调各成员方的货币、财政等政策。各成员方向同盟最高权力机构让渡部分主权。比较典型的经济同盟是"欧洲经济联盟"。1991年末，欧共体12个成员国签订了《建立欧洲政治联盟和经济货币联盟条约》，于1994年1月1日正式生效。从经济上看，欧洲经济货币联盟是一体化程度较高的经济联盟，其货币政策的协调表现为建立单一的欧洲货币，简化了货币政策的协调。

（6）完全的经济一体化（complete economic integration）

集团成员方之间实行经济贸易政策的完全统一，消除相互间的任何经济贸易的障碍。这是区域贸易集团的最高级形式。

上述六种经济一体化形式是由低级向高级的顺序进行讲述的，理论上不存在经济一体化组织由低级向高级发展的必然性。但是在现实中，要使关税同盟被彻底地贯彻执行，有必要使关税同盟向共同市场甚至经济联盟发展。1958年成立的欧洲共同体就是例证。实际上，随着成员国经济相互依赖关系的逐步加强，成员国也可能提出要求，使某种形式的经济一体化组织升级。

小资料

区域经济一体化的基本形式及其特征

合作特征	优惠贸易安排	自由贸易区	关税同盟	共同市场	经济同盟	完全经济一体化
内部关税优惠	是	是	是	是	是	是
内部关税完全取消	否	是	是	是	是	是
设立共同壁垒	否	否	是	是	是	是
对生产要素的流动	否	否	否	是	是	是
统一国家经济政策	否	否	否	否	是	是
统一国家各种政策	否	否	否	否	否	是

3. 区域经济一体化出现的原因

（1）20世纪60、70年代后美国世界霸主地位衰落，日本和西欧崛起，使以美国为主的世界经济格局向美国、日本、西欧相抗衡的三足鼎立格局转变。

（2）随着世界政治和军事局势的日趋缓和，国际斗争的焦点逐渐转向经济和科技领域。各大国为了增强实力，提高自己在国际竞争中的地位，都不失时机地推进区域经济合作。

（3）各地区的经济发展客观上要求打破国界限制，消除内部分歧和障碍，加速生产要素、商品、资本、劳动力的自由流通，达到提高经济效益和促进整个地区经济发展的目的。

（4）贸易保护主义抬头。

4. 区域经济一体化的发展趋势

（1）各种不同层次的区域经济集团数量大量增加，区域经济一体化的效果明显

除欧美发达国家外，广大发展中国家或地区和一些经济转型国家纷纷组建区域贸易集团。

2001年5月摩洛哥、约旦、突尼斯和埃及宣布建立泛阿拉伯自由贸易区。俄罗斯、白俄罗斯、哈萨克斯坦、塔吉克斯坦和吉尔吉斯斯坦宣布成立欧亚经济共同体。

（2）区域集团的范围和规模不断扩大

区域经济集团的成员结构发生较大的变化，范围和规模不断扩大，世界经济已经形成了以欧盟、北美自由贸易区等超大区域集团为中心的格局，随着北美自由贸易区"南进"、欧盟"东扩"以及亚太经合组织制度化，世界经济的"三足鼎立"局面将会更加明显。

（3）超越地缘界限的区域合作以及区域经济集团之间的合作有扩展的趋势

各区域经济集团采取了开放政策，一方面扩大自身的势力范围，加强与非成员国的合作，另一方面在区域经济集团之间加强合作。北美自由贸易区带动拉美地区经济发展，与欧盟形成跨大西洋的泛自由贸易区。亚太经合组织更是地跨亚洲、北美洲、南美洲和大洋洲。跨洲的双边、多边自由贸易区正在成为主流。

（4）区域贸易集团发展水平呈现多样化

欧盟已率先完成了经济一体化进程，开始向政治和军事合作迈进。亚太经济合作组织中的发达国家正在与发展中国家的次区域间开展经济合作。世界范围内的双边和地区性的自由贸易协定迅速增加。区域贸易集团化正在打破原有的国家之间的经济差距，消除地区间的不平衡发展，推动经济一体化走向更高的水平。

5.4.3 中国自贸区

1. 中国自贸区概况

"自由贸易区"简称"自贸区"，英文为Free Trade Area（FTA）。此处的"自贸区"是个广义的概念，包括"优惠贸易安排"。

目前中国在建自贸区有18个，涉及28个国家和地区。其中，已签署自贸协定12个，涉及20个国家和地区，分别是中国与东盟、新加坡、巴基斯坦、新西兰、智利、秘鲁、哥斯达黎加、冰岛和瑞士的自贸协定，内地与香港、澳门的更紧密经贸关系安排（CEPA），以及大陆与台湾的海峡两岸经济合作框架协议（ECFA），除了与冰岛和瑞士的自贸协定还未生效外，其余均已实施；正在谈判的自贸协定6个，涉及22个国家，分别是中国与韩国、海湾合作委员会（GCC）、澳大利亚和挪威的自贸谈判，以及

中日韩自贸区和《区域全面经济合作伙伴关系》（RCEP）协定谈判。

> **小资料**
>
> **上海自由贸易区**
>
> 2013年8月，国务院正式批准设立中国（上海）自由贸易试验区。同年9月29日，上海自由贸易区正式挂牌成立。中国（上海）自由贸易试验区是中国政府批准设立的首个自由贸易园区。

> **网络链接**
>
> 了解更多有关目前中国参与的自由贸易区可链接
> http://fta.mofcom.gov.cn/index.shtml
>
> 了解更多有关中国（上海）自由贸易试验区可链接
> http://baike.so.com/doc/6741217.html

此外，中国完成了与印度的区域贸易安排（RTA）联合研究；正与哥伦比亚等国开展自贸区联合可行性研究；还加入了《亚太贸易协定》。

2. 目前中国已签协议的自由贸易区

（1）内地与港澳更紧密经贸关系安排

2003年，内地与香港、澳门特区政府分别签署了内地与香港、澳门《关于建立更紧密经贸关系的安排》（Closer Economic Partnership Arrangement，CEPA），2004年、2005年、2006年又分别签署了《补充协议》、《补充协议二》和《补充协议三》。

CEPA是"一国两制"原则的成功实践，是内地与港澳制度性合作的新路径，是内地与港澳经贸交流与合作的重要里程碑，是国家主体与香港、澳门单独关税区之间签署的自由贸易协议，也是内地第一个全面实施的自由贸易协议。

CEPA具有自由贸易协议性质，是中国国家主体与其特别行政区之间签署的自由贸易协议性质的经贸安排，带有明显的自由贸易区特征。从宏观角度看，CEPA的基本目标是：逐步取消货物贸易的关税和非关税壁垒，逐步实现服务贸易自由化，促进贸易投资便利化，提高内地与香港、澳门之间的经贸合作水平。

第一，CEPA是一个高标准的自由贸易协议，内容丰富，领域广泛。CEPA是内地迄今为止商签的内容最全面、开放幅度最大的自由贸易协议，也是香港与澳门实际参与的唯一的自由贸易协议。其内容质量高，覆盖面广，在短时间内结束谈判并付诸实施，为内地参与其他双边自贸区积累了丰富的经验，起到了开创性的作用。

第二，CEPA 既符合 WTO 规则，又符合"一国两制"的方针。CEPA 在货物贸易和服务贸易中实行的开放措施完全符合 WTO 规则。CEPA 签署后，港澳地区仍维持其自由港的地位，也完全遵循了"一国两制"的方针。同时，CEPA 通过各项开放措施，逐步减少和消除两地经贸交流中的制度性障碍，促进了内地与港澳之间经济要素的自由流动和经济的融合，也符合内地与港澳经贸发展的实际情况。

第三，CEPA 是开放的。CEPA 第三条规定，"双方将通过不断扩大相互间的开放，增加和充实 CEPA 的内容"。2004 年以来，双方在 CEPA 框架下陆续签署了多个补充协议，这是 CEPA 开放性的具体体现。

（2）中国—东盟自由贸易区

中国—东盟自贸区（China and ASEAN Free Trade Area，CAFTA）是我国同其他国家商谈的第一个自贸区，也是目前建成的最大的自贸区。其成员包括中国和东盟十国，涵盖 19 亿人口和 1400 万平方公里。

20 世纪 90 年代以来，我国与东盟的经济联系日益紧密，双边贸易持续攀升。目前，东盟是我国在发展中国家中最大的贸易伙伴，我国是东盟的第四大贸易伙伴。

2000 年 11 月，我国时任总理朱镕基提出建立中国—东盟自贸区的设想，得到了东盟各国领导人的积极响应。经过双方的共同努力，2002 年 11 月 4 日，我国与东盟签署了《中国—东盟全面经济合作框架协议》，决定在 2010 年建成中国—东盟自贸区，并正式启动了自贸区建设的进程。

2004 年 1 月 1 日，自贸区的先期成果——"早期收获计划"顺利实施，当年早期收获产品贸易额增长 40%，超过全部产品进出口增长的平均水平。

2004 年 11 月，双方签署自贸区《货物贸易协议》，并于 2005 年 7 月开始相互实施全面降税。根据我国海关统计，2007 年我国与东盟贸易总额达到 2025 亿美元，同比增长 25.9%。

2007 年 1 月，双方又签署了自贸区《服务贸易协议》，已于当年 7 月顺利实施。2009 年 8 月，双方签署了《投资协议》，中国—东盟自贸区已于 2010 年 1 月 1 日全面建成。

2014 年，双边贸易额达 4803.9 亿美元，东盟成为我国第三大贸易伙伴。双边贸易实现了稳健、持续的增长，取得了令人满意的成果。

中国—东盟自贸区的建设进一步加强了双方业已密切的经贸合作关系，也对亚洲及世界的经济发展做出了积极的贡献。

> **议一议**
>
> 2010年1月1日启动的中国—东盟自贸区对双方国家经济有什么影响？

(3) 中国—巴基斯坦自由贸易区

2006年11月中国与巴基斯坦两国政府共同宣布启动中巴自由贸易区。此后，双方就自贸区服务贸易协定内容和服务部门开放承诺表等进行了5轮谈判，于2008年12月全部达成一致。根据协定，在各自对世贸组织承诺的基础上，在全部12个主要服务部门中，巴方将在11个主要服务部门的102个分部门对中国服务提供者进一步开放，包括建筑、电信、金融、分销、环境、医疗、旅游、运输、快递、研发、计算机教育、娱乐文化和体育等众多服务部门，其中分销、教育、环境、运输、娱乐文化和体育等5个主要服务部门在内的56个分部门为新开放部门。此外，巴方将根据具体情况，在外资股比方面给予中国服务提供者更加优惠的待遇，并在人员流动方面提供更加宽松和便利的条件。我国将在6个主要服务部门的28个分部门对巴基斯坦服务提供者进一步开放，具体包括采矿、研发、环保、医院、旅游、体育、交通、翻译、房地产、计算机、市场调研、管理咨询、印刷出版、建筑物清洁、人员提供和安排服务等。

《中国—巴基斯坦自贸区服务贸易协定》于2009年10月10日生效实施，从而使两国在2007年7月实施的《中巴自贸协定》基础上，建成一个涵盖货物贸易、服务贸易和投资等内容全面的自贸区。

近年来，中巴两国不断推进自贸区建设，一年迈上一个新台阶：2003年11月签署优惠贸易安排；2004年10月启动自贸区联合研究；2005年4月签署自贸协定早期收获协议；2006年11月签署自贸协定，2007年7月实施以来成效良好；2008年10月签署自贸协定补充议定书，以促进投资合作；2008年12月结束服务贸易协定谈判。《中巴自贸区服务贸易协定》的签署和实施，将为两国共同应对世界金融危机，提升服务业合作水平，促进经济共同发展，深化全天候、全方位友谊奠定更加坚实的基础。

(4) 中国—智利自由贸易区

2004年11月18日，胡锦涛主席与智利前总统拉戈斯共同宣布启动中智自贸区谈判。2005年11月18日，在韩国釜山APEC领导人非正式会议期间，在胡锦涛主席和拉戈斯总统的见证下，双方签署《中智自贸协定》。2006年9月，吴邦国委员长访智期间，与智利总统巴切莱特共同宣布自2006年10月1日起开始实施《中智自贸协定》，并正式启动服务贸易和投资谈判。

《中智自贸协定》纳入了与货物贸易有关的所有内容，包括市场准入、原产地规则、卫生与植物卫生措施、技术贸易壁垒、贸易救济、争端解决机制等，并且将经济、中小企业、文化、教育、科技、环保、劳动和社会保障、知识产权、投资促进、矿产和工业领域的合作涵盖在内。

《中智自贸协定》实施以来，中智双边贸易一路走高，经济合作持续深化，企业联系不断加强，人民生活日渐受益，政治关系日益密切，两国从真正意义上实现了互利共赢、共同发展。2007年两国贸易额达147亿美元，增长率从实施前的20%提高到了目前的65%，双方提前实现了贸易额突破"百亿"美元的目标。其中，中国自智利进口103亿美元，出口44亿美元，同比分别增长79%和42%。

中智自贸区服务贸易谈判自2006年9月启动以来，历时1年半，经过6轮谈判，双方最终于2008年4月13日在海南三亚签署《中智自贸协定关于服务贸易的补充协定》（即中智自贸区服务贸易协定）。该协定共包括正文22项条款和两个附件：商务人员临时入境和双方具体承诺表。根据协定，我方的计算机、管理咨询、采矿、环境、体育、空运等23个部门和分部门，以及智方的法律、建筑设计、工程、计算机、研发、房地产、广告、管理咨询、采矿、制造业、租赁、分销、教育、环境、旅游、体育、空运等37个部门和分部门将在各自WTO承诺基础上向对方进一步开放。

（5）中国—新西兰自由贸易区

2008年4月7日，《中华人民共和国政府与新西兰政府自由贸易协定》在两国总理的见证下正式签署。这是中国与发达国家签署的第一个自由贸易协定，也是中国与其他国家签署的第一个涵盖货物贸易、服务贸易、投资等多个领域的自由贸易协定。目前中新双方均已完成各自国内法律程序，《协定》已于2008年10月1日开始生效。

《协定》是中新两国在WTO基础上，相互进一步开放市场、深化合作的重要法律文件。《协定》共214条，分为18章，即：初始条款、总定义、货物贸易、原产地规则及操作程序、海关程序与合作、贸易救济、卫生与植物卫生措施、技术性贸易壁垒、服务贸易、自然人移动、投资、知识产权、透明度、合作、管理与机制条款、争端解决、例外、最后条款。

《协定》的签署是中新两国关系发展历程上一座新的里程碑，为加强中新两国经贸合作搭建了新的平台，也为双方合作注入了新的活力，将进一步促进两国经贸合作在平等互利的基础上实现双赢，推动中新经贸关系迈入新的发展阶段。

《协定》的实施，将有利于两国进一步发挥各自产业优势，深化产业分工，有助于双方全面推进农牧业、林业、家电、服装等货物贸易领域的合作，并促进教育、旅游、环境、咨询等服务贸易的发展。《协定》为双方经贸合作提供了制度性保障，营造了更加开放和稳定的商业运行环境。双方企业和产品可按照《协定》提供的优惠条件进入对方市场，有利于拓展合作空间，提高竞争力，实现互利共赢。同时，两国消费者也可以更低廉的价格享受到优质的产品和服务。

(6) 中国—新加坡自由贸易区

2008年10月23日，在温家宝总理和新加坡李显龙总理见证下，商务部长陈德铭与新加坡贸工部长林勋强代表各自政府在北京人民大会堂签署了《中华人民共和国政府和新加坡共和国政府自由贸易协定》。同时，双方还签署了《中华人民共和国政府和新加坡共和国政府关于双边劳务合作的谅解备忘录》。

中国—新加坡自由贸易区谈判启动于2006年8月，经过八轮艰苦而坦诚的磋商，双方于2008年9月圆满结束谈判。《协定》涵盖了货物贸易、服务贸易、人员流动、海关程序等诸多领域，是一份内容全面的自由贸易协定。双方在中国—东盟自贸区的基础上，进一步加快了贸易自由化进程，拓展了双边自由贸易关系与经贸合作的深度与广度。根据《协定》，新方承诺将在2009年1月1日取消全部自华进口产品关税；中方承诺将在2010年1月1日前对97.1%的自新进口产品实现零关税。双方还在医疗、教育、会计等服务贸易领域做出了高于WTO的承诺。

《协定》的签署是中新双边关系发展历程中新的里程碑，将进一步全面推进中新双边经贸关系的发展，也将对东亚经济一体化进程产生积极影响。同时，在全球共同应对金融动荡的时刻，《协定》的签署有利于维护两国经济与贸易的稳定和增长，为维持世界经济稳定和促进贸易自由化做出积极贡献。

(7) 中国—秘鲁自由贸易区

2009年4月28日，在习近平副主席和秘鲁副总统路易斯·詹彼德里·罗哈斯的共同见证下，商务部副部长易小准与秘鲁外贸旅游部部长梅塞德斯·阿劳斯分别代表两国政府在人民大会堂签署了《中国—秘鲁自由贸易协定》。中秘自贸协定是我国与拉美国家签署的第一个一揽子自贸协定，是两国关系发展史上新的里程碑。《中国—秘鲁自由贸易协定》从2010年3月1日起实施。

中秘自贸协定覆盖领域广、开放水平高。在货物贸易方面，中秘双方将对各自90%以上的产品分阶段实施零关税，中方轻工、电子、家电、机械、汽车、化工、蔬菜、水果等众多产品和秘方的鱼粉、矿产品、水果、鱼类等产品都将从降税安排中获益。在服务贸易方面，双方将在各自对世贸组织承诺的基础上，相互进一步开放服务部门。在投资方面，双方将相互给予对方投资者及其投资以准入后国民待遇、最惠国待遇和公平公正待遇，鼓励双边投资并为其提供便利等。与此同时，双方还在知识产权、贸易救济、原产地规则、海关程序、技术性贸易壁垒、卫生和植物卫生措施等众多领域达成广泛共识。

此次中秘自贸协定的签署，将进一步增进两国传统友谊，深化经贸合作。特别是在全球金融危机影响进一步加深的背景下，中秘签署自贸协定，向外界发出了两国深化合作、共度时艰的积极信号，表明了两国坚持对外开放、反对贸易保护的坚定决心。中秘自贸协定的签署和实施，将为两国共同应对世界金融危机、促进本国经济增长发挥重要作用，也将为中秘战略伙伴关系进一步增添实质性内涵。

（8）亚太贸易协定

《亚太贸易协定》的前身为《曼谷协定》，全称为《亚太经社会发展中成员国贸易谈判第一协定》，现有成员国印度、韩国、孟加拉、斯里兰卡、老挝和中国。

《亚太贸易协定》各成员国已经全部完成国内法律审批程序，从2006年9月1日开始实施第三轮谈判结果。自2006年9月1日起，我国向其他成员国的1717项8位税目产品提供优惠关税，平均减让幅度27%；另外，我国还向最不发达成员国孟加拉和老挝的162项8位税目产品提供特别优惠，平均减让幅度77%。同时，根据2005年税则计算，我国可享受印度570项6位税目、韩国1367项10位税目、斯里兰卡427项6位税目和孟加拉209项8位税目产品的优惠关税。

（9）中国—哥斯达黎加自由贸易区

2010年4月8日，商务部部长陈德铭与哥斯达黎加外贸部长鲁伊斯在北京分别代表两国政府签署了《中国—哥斯达黎加自由贸易协定》。中哥自贸协定是中国与中美洲国家签署的第一个一揽子自贸协定，是两国关系发展史上新的里程碑。

在货物贸易方面，中哥双方将对各自90%以上的产品分阶段实施零关税，中国的纺织原料及制品、轻工、机械、电器设备、蔬菜、水果、汽车、化工、生毛皮及皮革等产品和哥方的咖啡、牛肉、猪肉、菠萝汁、冷冻橙汁、果酱、鱼粉、矿产品、生皮等产品将从降税安排中获益。在服务贸易方面，在各自对世贸组织承诺的基础上，哥方有45个服务部门进一步对中国开放，中国则在7个部门对哥方进一步开放。与此同时，双方还在原产地规则、海关程序、技术性贸易壁垒、卫生和植物卫生措施、贸易救济、知识产权、合作等众多领域达成广泛共识。

中哥自贸协定的签署，表明了两国在全球经济危机的背景下坚持对外开放、反对贸易保护的坚定决心。这将进一步促进两国互利双赢，为两国共同应对世界金融危机、调整产业结构、加快发展步伐发挥重要作用，并将为两国经贸合作带来更为广阔的发展空间。

中哥自贸协定谈判于2008年11月启动。双方经过六轮谈判，2010年2月圆满结束谈判。近年来，中哥在双边贸易、投资、承包劳务等领域进行了良好的合作，双边经贸往来呈现出高速发展的态势。哥斯达黎加已经成为中国在中美洲地区的重要贸易伙伴，中国也成为继美国之后哥斯达黎加全球第二大贸易伙伴。据中国海关统计，2008年中哥双边贸易额达到28.9亿美元，是2001年双边贸易额的32倍。特别是在2009年，受金融危机冲击，全球各主要经济体对外贸易普遍陷入衰退，中哥双边贸易额却逆势上扬，达到 31.8 亿美元，比上年增长了 10.2%，我国自哥进口额达到 26.5 亿美元，比上年增长了 16.6%。

《中国—哥斯达黎加自由贸易协定》经中哥双方友好协商并书面确认，于 2011 年 8 月 1 日起正式生效，成为中国达成并实施的第 10 个自贸协定。

(10) 大陆与台湾的海峡两岸经济合作框架协议

海峡两岸经济合作框架协议（英文为 Economic Cooperation Framework Agreement，简称 ECFA），原称为两岸综合性经济合作协定或称两岸综合经济合作协定（英文简称 CECA，即 Comprehensive Economic Cooperation Agreement）。2010 年 1 月 26 日，ECFA 第一次两会专家工作商谈在北京举行。2010 年 6 月 29 日，两岸两会领导人签订合作协议。2010 年 8 月 17 日，台湾"立法"机构通过《海峡两岸经济合作框架协议》。2010 年 9 月 11 日海峡两岸关系协会和财团法人海峡交流基金会完成换文程序，同意《海峡两岸经济合作框架协议》和《海峡两岸知识产权保护合作协议》于 2010 年 9 月 12 日实施。

《海峡两岸经济合作框架协议》的基本内容涵盖海峡两岸之间的主要经济活动，包括货物贸易和服务贸易的市场开放、原产地规则、早期收获计划、贸易救济、争端解决、投资和经济合作等；今后将按业务议题进行协商。海峡两岸还交换了税则和有关经济管理规定与统计数据等。

(11) 中国—冰岛自由贸易区（中国与欧洲国家签署的第一个自由贸易协定）

2013 年 4 月 15 日，在中国总理李克强和冰岛总理西于尔扎多蒂共同见证下，中国商务部部长高虎城与冰岛外交外贸部长奥叙尔·斯卡费丁松代表各自政府在北京人民大会堂签署了《中华人民共和国政府和冰岛政府自由贸易协定》。该协定是我国与欧洲国家签署的第一个自由贸易协定，涵盖货物贸易、服务贸易、投资等诸多领域。

根据自贸协定规定，冰岛自协定生效之日起，对从中国进口的所有工业品和水产品实施零关税，这些产品占中国向冰岛出口总额的 99.77%；与此同时，中国对从冰岛进口的 7830 个税号产品实施零关税，这些产品占中国自冰岛进口总额的 81.56%，其中包括冰岛盛产的水产品。中冰自贸区建成后，双方最终实现零关税的产品，按税目数衡量均接近 96%，按贸易量衡量均接近 100%。

此外，双方还就服务贸易做出了高于 WTO 的承诺，并对投资、自然人移动、卫生与植物卫生措施、技术性贸易壁垒、原产地规则、海关程序、竞争政策、知识产权等问题做出了具体规定。

中国—冰岛自贸区谈判于 2006 年 12 月启动并进行了 4 轮谈判，2009 年，因冰岛提出加入欧盟申请，双方谈判中止。2012 年 4 月，中冰两国领导人商定重启中冰自贸区谈判。后经 2 轮谈判，双方于 2013 年 1 月结束实质性谈判，就协定内容达成一致。

（12）中国—瑞士自由贸易区

2013年5月24日，在国务院总理李克强与瑞士联邦主席于利·毛雷尔的见证下，中国商务部长高虎城与瑞士联邦委员兼经济部长施耐德－阿曼在瑞士伯尔尼签署《关于结束中国—瑞士自由贸易协定谈判的谅解备忘录》。

中瑞自贸协定于2011年1月正式启动，在两年半时间内，双方经过九轮谈判，已就实质性问题达成一致。双方决定，为尽快签署和实施中瑞自贸协定，惠及两国民众，将立刻启动各自国内批准程序。

小资料

中国"自贸区"互惠原产地证书格式

自贸区	证书格式
中国—东盟自由贸易区	Form E
中国—巴基斯坦自由贸易区	Form P
中国—智利自由贸易区	Form F
中国—新西兰自由贸易区	Form N
中国—新加坡自由贸易区	Form X
中国—秘鲁自由贸易区	Form R
亚太贸易协定	Form B
中国—哥斯达黎加自由贸易区	Form L
大陆与台湾的海峡两岸经济合作框架协议	Form H

注：证书号码（Certificate/Reference NO.）的第一个字母以"E"开头，称为"Form E"，依此类推。

网络链接

了解更多有关自由贸易协定给我国企业带来的商机可链接
http://fta.mofcom.gov.cn/flash1.shtml

3. 利用中国已签协议的"自贸区"开展对外贸易

享受自贸区货物贸易关税优惠的主要步骤包括：掌握自贸区降税进程、确定出口产品的关税分类（即HS编码）、根据HS编码检查是否属于进口国减让清单范围内产品并评估优惠幅度、检查是否符合原产地规则要求（原产地标准和直接运输）、准备证明文件，到检验检疫机构办理专用原产地证书，进口时向海关提交优惠原产地证书。

各类优惠性原产地证书是产品在进口国享受优惠关税待遇的凭证，随着我国积极参与区域性与双边的自由贸易区协定，相互关税优惠待遇的国家将越来越多。我国进出口企业应加强对区域性与双边自由贸易协定及其互惠原产地证的认识与应用，在出口贸易中，我国出口商在与对方谈判时，我方提供相关的优惠原产地证，进口商在其报关时可以少缴关税，降低了进口商品的成本，我国出口价格就可以相应高一些。在进口贸易中，要求对方提供相关的优惠原产地证，我国进口企业也同样可以享受我国的优惠关税待遇，从而降低进口商品成本，进而达到利用关税优惠待遇扩大出口，降低进口成本，提高进出口贸易效益。

5.5 本章小结与学习路径

5.5.1 本章小结

本章主要介绍当前在经济全球化背景下，国际贸易发展中出现新业态：

（1）国际货物贸易发展趋势表现为以下几点：第一，国际货物贸易从相对缓慢转向适度增长；第二，国际货物贸易结构走向高级化；第三，国际贸易贸易格局新变化，中国成为国际贸易增长的新生崛起力量；第四，电子商务模式兴起，国际货物贸易实现无纸化；第五，贸易保护主义争斗愈演愈烈，贸易壁垒层出不穷。

（2）跨境电子商务主要介绍跨境电子商务的概念、特点和分类，介绍跨境电子商务发展新业态：第一，小批量、多批次的"碎片化"进出口贸易将取代传统"集装箱"大额交易；第二，产品从工厂经过在线平台可以直接到国外消费者手中，有效降低产品价格；第三，上下游多属现代服务业；第四，强调个性化的交易方式，消费者拥有更大选择自由。

（3）国际服务贸易主要介绍国际服务贸易的概念，尤其是WTO对国际服务贸易的定义；国际服务贸易的分类，包括跨境提供、境外消费、商业存在以及自然人流动；国际服务贸易壁垒。国际服务贸易发展新业态是：第一，世界服务贸易发展速度超过货物贸易发展速度；第二，新兴经济体服务贸易发展速度超过发达经济体；第三，高附加值新兴服务贸易比重超过传统服务贸易；第四，商业存在形式实现的服务贸易超过跨境服务贸易；第五，跨国并购业务向服务业集中的趋势不断增强。

（4）经济全球化及中国自贸区发展新业态主要介绍经济全球化的发展新业态，包括：第一，生产过程向全球范围延伸；第二，世界市场规模不断扩大；第三，国际金融和资本市场的迅速扩大；第四，技术交流与信息网络的全球化；第五，劳动资源的跨国流动日益扩大；第六，世界多边贸易和金融体制的建立，推动各国建立与健全市场经济制度。

区域性经济合作的六种形式，包括：优惠贸易安排、自由贸易区、关税同盟、共同市场、经济同盟以及完全的经济一体化。当前国际区域贸易集团主要有：欧洲联盟、北美自由贸易区、亚太经合组织以及东南亚国家联盟。

（5）关于中国自贸区则主要介绍自贸区的概念、目前中国已签协议的自由贸易区，利用中国已签协议的"自贸区"开展对外贸易。

5.5.2 学习路径

一、国际货物贸易发展新业态
- 从相对缓慢转向适度增长
- 贸易结构走向高级化
- 贸易格局新变化——发达国家占主导，中国迅速崛起
- 电子商务模式的兴起，国际货物贸易实现无纸化
- 贸易保护主义争斗愈演愈烈，贸易壁垒层出不穷

二、跨境电子商务
- 特点
  - 多边化
  - 直接化
  - 小批量
  - 高频度
  - 无纸化
- 分类
  - 按照商业模式划分
    - 企业与企业之间（B2B）
    - 商业对个人之间（B2C）
    - 个人与个人之间（C2C）
  - 按平台服务划分
    - 商品信息服务平台
    - 在线交易平台
- 关联体系
  - 物流配送
  - 电子支付
  - 电子认证
  - IT 服务
  - 网络营销
- 新业态
  - 小批量、多批次的"碎片化"进出口贸易
  - 有效降低产品价格
  - 上下游多属现代服务业
  - 消费者拥有更大选择自由

三、国际服务贸易发展新常态 {
- WTO 对国际服务贸易的定义
- 服务贸易的特征和供应模式
- 贸易规模迅速扩大
- 我国服务贸易的发展 国际地位不断提升
- 贸易结构逐步优化
- 区域协调不断加强
- 全球产业链更深地融入
}

四、服务贸易壁垒的种类 {
- 服务跨境交付壁垒
- 境外消费壁垒
- 商业存在（FDI）壁垒
- 自然人流动壁垒
}

五、经济全球化 {
- 经济全球化的发展趋势
- 生产过程向全球范围延伸
- 世界市场规模不断扩大
- 国际金融和资本市场的迅速扩大
- 技术交流与信息网络的全球化
- 劳动资源的跨国流动日益扩大
- 市场经济制度的建立
}

六、区域经济一体化的形式 {
- 优惠贸易安排
- 自由贸易区
- 关税同盟
- 共同市场
- 经济同盟
- 完全经济一体化
}

七、中国自贸区发展新常态

5.6 课后综合训练

自测题

一、概念题

1. 跨境电子商务

2. 跨境交付

3. 境外消费

4. 自然人流动

5. 关税同盟

6. 共同市场

7. 经济全球化

二、填空题

1. 与传统贸易相比，跨境电子商务具有_____、_____、_____、_____、无纸化的特点。
2. 按照商业模式划分，跨境电子商务平台分为_____、_____、_____三种类型。
3. 按照《服务贸易协定》的定义，服务贸易有_____、_____、_____、_____四种供应模式。
4. 按照世贸组织有关服务贸易的分类，服务贸易壁垒可分为_____壁垒、_____壁垒、_____壁垒和_____壁垒四类。
5. _____是市场一体化中最低级和最松散的一种形式。
6. 成员国之间相互取消贸易壁垒，商品在区内可以自由流通，成员国对区外国家仍然维持贸易壁垒的一体化形式是_____。
7. _____是指两个或两个以上的国家完全取消关税或其他壁垒，并对非同盟国家实行统一的关税税率而结成的同盟。

8. 欧元于_____年1月1日正式启用。_____年1月1日零时,欧元正式流通。

9. 目前世界上三大区域经济合作区分别是_____、_____、_____。

10. 2008年金融危机以来,在全球贸易呈低速增长状态、国际市场竞争加剧、贸易摩擦形势依然严峻的背景下,电子商务一枝独秀,尤其是_____更是开始崭露头角。

三、判断改错题

1. 共同市场的成员方在实行关税同盟政策的同时,不允许集团内资本和劳动力自由流动。（ ）
改正：_____

2. 货物贸易壁垒只是针对货物本身,与货物生产商没关系;服务贸易壁垒则主要针对服务提供者和服务消费者。（ ）
改正：_____

3. 服务贸易不仅存在关税问题,也存在非关税问题。（ ）
改正：_____

4. 2003年,内地与香港、澳门特区政府、台湾地区分别签署了内地与香港、澳门、台湾地区《关于建立更紧密经贸关系的安排》(CEPA)。（ ）
改正：_____

5. 1989年11月亚太经合组织首届部长会议在澳大利亚首都堪培拉举行。（ ）
改正：_____

6. 共同市场的成员方在实行关税同盟政策外不允许集团内资本和劳动力自由流动。（ ）
改正：_____

7. 涉外旅游服务属于服务贸易的过境交付。（ ）
改正：_____

8. 缔结成关税同盟的国家关境大于国境。（ ）
改正：_____

9. 目前国际货物贸易存在很多贸易壁垒,而国际服务贸易因为属于无形贸易,所以不存在任何贸易壁垒。（ ）
改正：_____

10. 2014年,全球贸易增长的动力主要来自发展中国家,美国经济的强劲复苏以及欧洲经济条件的改善导致进口需求扩大,成为推动全球出口贸易增长的主要因素。

(   )

改正：_____

四、单选题

1. 下列经济一体化组织形式中，_____的各成员国对非成员国保持各自独立的关税和非关税壁垒。

   A. 优惠贸易安排　　B. 关税同盟　　C. 共同市场　　D. 经济同盟

2. 共同市场与完全经济一体化相比，前者未实现_____。

   A. 生产要素在成员国之间的自由流动　　B. 统一的对外关税政策

   C. 货物在成员国之间的自由流动　　D. 统一的对外经济社会政策

3. 目前世界上一体化程度最高的区域性经济组织是_____。

   A. 东盟　　B. 欧盟

   C. 亚太经合组织　　D. 北美自由贸易区

4. 欧洲自由贸易同盟属于经济一体化形式中的_____。

   A. 优惠贸易安排　　B. 关税同盟　　C. 自由贸易区　　D. 共同市场

5. 目前_____在服务贸易中占有主导地位。

   A. 发达国家　　B. 发展中国家

   C. 社会主义国家　　D. 新型工业化国家

6. 对非成员国实行统一关税，成员国之间实现商品和生产要素自由流动的经济一体化形式是：_____

   A. 自由贸易区　　B. 关税同盟　　C. 共同市场　　D. 经济同盟

7. 成员国之间商品自由流动，并对非成员国实行统一的关税政策的经济一体化形式是：

   A. 自由贸易区　　B. 关税同盟　　C. 共同市场　　D. 经济同盟

8. 下述一体化经济组织中，世界上第一个最富有的发达国家和发展中国家组成的区域性经济贸易集团是_____。

   A. 欧洲联盟　　B. 北美自由贸易区

   C. 亚太经合组织　　D. 中国—东盟自由贸易区

9. B2C 是英文 business-to-customer 的缩写，即_____。

   A. 商业对商业　　B. 企业与企业　　C. 商业对个人　　D. 商业对个人

10. 国际服务贸易与国际货物贸易、国际技术贸易并称当今国际贸易的三大形式。其中_____是国际贸易最早最主要的形式。

    A. 国际服务贸易　　B. 国际货物贸易

    C. 国际技术贸易　　D. 国际贸易

小组活动（一）

【背景资料】

中国—东盟自由贸易区

1997年12月，中国和东盟领导人在首次东盟—中国领导人非正式会议上确定了建立睦邻互信伙伴关系的方针。

为扩大双方的经贸交往，中国国务院总理朱镕基1999年在马尼拉召开的第三次中国—东盟领导人会议上提出，中国愿加强与东盟自由贸易区的联系，这一提议得到东盟国家的积极回应。2000年11月，朱镕基总理在新加坡举行的第四次中国—东盟领导人会议上首次提出建立中国—东盟自由贸易区的构想，并建议在中国—东盟经济贸易合作联合委员会框架下成立中国—东盟经济合作专家组，就中国与东盟建立自由贸易关系的可行性进行研究。

2001年3月，中国—东盟经济合作专家组在中国—东盟经济贸易合作联合委员会框架下正式成立。专家组围绕中国加入世界贸易组织的影响及中国与东盟建立自由贸易关系两个议题进行了充分研究，认为中国—东盟建立自由贸易区对东盟和中国是双赢的决定，建议中国和东盟用10年时间建立自由贸易区。这一建议经过中国—东盟高官会和经济部长会的认可后，于2001年11月在文莱举行的第五次中国—东盟领导人会议上正式宣布。

2002年11月，第六次中国—东盟领导人会议在柬埔寨首都金边举行，朱镕基总理和东盟10国领导人签署了《中国与东盟全面经济合作框架协议》，决定到2010年建成中国—东盟自由贸易区。这标志着中国—东盟建立自由贸易区的进程正式启动。

【活动要求】

请根据上述背景资料，结合所学知识，分组讨论、分析并回答以下问题：

1. 中国—东盟建立自由贸易区的建立体现了当今世界经济发展的哪些新趋势？

2. 中国—东盟建立自由贸易区的建立对中国经济的影响。

小组活动（二）

【背景资料】

世界杯上的"中国制造"

"桑巴荣耀"足球：2014年巴西世界杯的足球场上，最重要的工具"桑巴荣耀"足球，来自于中国深圳阿迪达斯工厂。这款足球已经通过全世界600多名顶级运动员以及三大洲10个国家的30支球队的检验。"桑巴荣耀"是阿迪达斯有史以来创造的经测试最多的足球。一些世界顶级球星也参与到了这一过程中。

"福来哥"犰狳：巴西世界杯的吉祥物"福来哥"犰狳，也产自中国。它的设计、生产、定价和销售由一家杭州公司独揽。去年6月份，凭借优秀的设计开发能力和做工，该公司与国际足联签下了巴西世界杯吉祥物的授权协议，标志着中国企业首次获得世界杯吉祥物官方授权。除了"福来哥"，世界杯吉祥物产品还包括3D玩偶、钥匙链、派对产品和汽车挂饰五大系列近100种商品。

"卡西罗拉"：南非世界杯有助威神器呜呜祖拉大喇叭。巴西世界杯上，"卡西罗拉"同样是中国制造，这种巴西拨浪鼓的主色调为黄色和绿色，密闭的塑料容器内装有一些清脆的颗粒物。球迷们左右手各持一个，相互碰撞或单独摇晃，都可以发出独特的响声。目前，世界上90%的"卡西罗拉"产自中国的浙江和广东。

各国国旗：据媒体报道，一间简易的厂房、一堆鲜艳的布料、几台机器，再加上脚踩缝纫机的技术，浙江永康一栋四层水泥厂房里的必胜旗帜厂，生产了巴西世界杯上的近千万面各国国旗。尽管不懂足球，但世界杯开赛以来，必胜旗帜厂的老板娘每天都要熬夜看球，因为一旦哪家球队进入八强，他们就要抓紧赶制国旗，直接空运到巴西。仅巴西世界杯的订单，就可以为这家工厂带来800万元人民币的收入。

【活动要求】

请根据上述背景资料，结合所学知识，分组分析、讨论并回答以下问题：

1. 中国深圳工厂的"桑巴荣耀"、杭州某公司的"福来哥"、中国浙江和广东的"卡西罗拉"以及浙江必胜旗帜厂的各国国旗与国际贸易有何联系？

2. 世界杯上的"中国制造"说明了什么？

小组活动（三）

【背景资料】

他是中国最大的单个出口商品

2002 年姚明在 NBA 选秀大会上被火箭以状元签挑中，这也使得他成为中国体育界最受欢迎的人物。自从加入 NBA 之后，除了 2010 年受伤的原因之外，姚明总共有八次入选 NBA 全明星赛，在他的带动之下，火箭也成为最受中国球迷喜欢的 NBA 球队。NBA 官网昨日发表文章评价姚明："这位中国巨人，给人们印象最为深刻的便是他无与伦比的全球影响力，职业生涯巅峰时期的姚明，已经不仅仅只是一名篮球运动员而已，他意味着很多很多。"

姚明的影响力，还不仅在于篮球。"姚明"这个名字，是中国篮球界的标志，更是一个不同凡响的时代标志，一个"中国制造"的全球化偶像。姚明被誉为"中国最大的单个出口商品"，在中西方巨大的文化背景差异下，姚明用自己的努力，向西方国家传达中国的美好形象。

财富：9 年收入超过 20 亿元

从 2002 年征战 NBA 到 2010 年，结合每年福布斯给出的统计数据，姚明 9 年累计收入已经超过 20 亿元人民币。未来无论他选择什么作为主业，这样的吸金能力仍能保障姚明继续取得成功。

姚明从 2002 年开始进入 NBA，而福布斯中国名人榜则从第二年开始统计上一年的数据。记者翻阅了从 2003 年开始的福布斯中国名人榜，2003 福布斯中国名人榜数据显示，NBA 状元姚明以 1.2 亿元排名第二，仅次于李连杰的 1.4 亿元。从 2004 年开始一直到 2011 年的福布斯中国名人榜，姚明连续 8 年占据收入首位。2010 年，姚明整个赛季因伤免战，在 2011 年福布斯发布的数据为 2.2 亿元。累计相加，姚明 9 年的收入已经超过了 20 亿元人民币。根据《胡润百富榜》2010 年统计数据，姚明的身价甚至已经达到了 10 亿美元。

【活动要求】

请根据上述背景资料，结合所学知识，分组讨论、分析并回答以下问题：

1. 新闻中说姚明是中国最大的单个出口商品，这是一种什么样的贸易方式？

2. 从自己的身边寻找两三件国际服务贸易的例子，和同学们一起探讨服务贸易与货物贸易的不同之处。

参 考 文 献

1. 袁永友. 国际贸易基础知识. 北京：对外经济贸易大学出版社，2002 年
2. 王粤. 服务贸易自由化与竞争力. 北京：中国人民大学出版社，2002 年
3. 刘东升. 国际服务贸易. 北京：对外经济贸易出版社，2002 年
4. 陈宪，程大中. 国际服务贸易. 北京：高等教育出版社，2003 年
5. 海闻，P. 林德特，王新奎. 国际贸易. 上海：上海人民出版社，2003 年
6. 刘庆林. 国际服务贸易. 北京：人民邮电出版社，2004 年
7. 张汉林. 国际贸易. 北京：对外经济贸易出版社，2004 年
8. 肖文，应颖. 国际贸易基础知识，北京：高等教育出版社，2006 年
9. 刘文丽. 商品归类（修订本）. 北京：中国商务出版社，2006 年
10. 张玮. 国际贸易. 北京：高等教育出版社，2006 年
11. 薛荣久主编. 国际贸易. 北京：对外经济贸易大学出版社，2008 年
12. 何民乐. 国际贸易概论. 上海：华东师范大学出版社，2008 年
13. 符海菁，陈珂. 国际贸易基础知识. 北京：科学出版社，2009 年
14. 张玮，张宇馨. 国际贸易. 北京：清华大学出版社，2009 年
15. 胡涵钧，李凌. 国际货物贸易惯例与实务. 上海：上海人民出版社，2009 年
16. 李富. 国际贸易概论. 北京：中国人民大学出版社，2014 年